NORVEGESE
VOCABOLARIO

PER STUDIO AUTODIDATTICO

ITALIANO-NORVEGESE

Le parole più utili
Per ampliare il proprio lessico e affinare
le proprie abilità linguistiche

5000 parole

Vocabolario Italiano-Norvegese per studio autodidattico - 5000 parole
Di Andrey Taranov

I vocabolari T&P Books si propongono come strumento di aiuto per apprendere, memorizzare e revisionare l'uso di termini stranieri. Il dizionario si divide in vari argomenti che includono la maggior parte delle attività quotidiane, tra cui affari, scienza, cultura, ecc.

Il processo di apprendimento delle parole attraverso i dizionari divisi in liste tematiche della collana T&P Books offre i seguenti vantaggi:

- Le fonti d'informazione correttamente raggruppate garantiscono un buon risultato nella memorizzazione delle parole
- La possibilità di memorizzare gruppi di parole con la stessa radice (piuttosto che memorizzarle separatamente)
- Piccoli gruppi di parole facilitano il processo di apprendimento per associazione, utile al potenziamento lessicale
- Il livello di conoscenza della lingua può essere valutato attraverso il numero di parole apprese

Copyright © 2018 T&P Books Publishing

Tutti i diritti riservati. Nessuna parte del presente volume può essere riprodotta o trasmessa in qualsiasi forma o con qualsiasi mezzo elettronico, meccanico, fotocopie, registrazioni o riproduzioni senza l'autorizzazione scritta dell'editore.

T&P Books Publishing
www.tpbooks.com

ISBN: 978-1-78492-025-8

Questo libro è disponibile anche in formato e-book.
Visitate il sito www.tpbooks.com o le principali librerie online.

VOCABOLARIO NORVEGESE
per studio autodidattico

I vocabolari T&P Books si propongono come strumento di aiuto per apprendere, memorizzare e revisionare l'uso di termini stranieri. Il vocabolario contiene oltre 5000 parole di uso comune ordinate per argomenti.

- Il vocabolario contiene le parole più comunemente usate
- È consigliato in aggiunta ad un corso di lingua
- Risponde alle esigenze degli studenti di lingue straniere sia essi principianti o di livello avanzato
- Pratico per un uso quotidiano, per gli esercizi di revisione e di autovalutazione
- Consente di valutare la conoscenza del proprio lessico

Caratteristiche specifiche del vocabolario:

- Le parole sono ordinate secondo il proprio significato e non alfabeticamente
- Le parole sono riportate in tre colonne diverse per facilitare il metodo di revisione e autovalutazione
- I gruppi di parole sono divisi in sottogruppi per facilitare il processo di apprendimento
- Il vocabolario offre una pratica e semplice trascrizione fonetica per ogni termine straniero

Il vocabolario contiene 155 argomenti tra cui:

Concetti di Base, Numeri, Colori, Mesi, Stagioni, Unità di Misura, Abbigliamento e Accessori, Cibo e Alimentazione, Ristorante, Membri della Famiglia, Parenti, Personalità, Sentimenti, Emozioni, Malattie, Città, Visita Turistica, Acquisti, Denaro, Casa, Ufficio, Lavoro d'Ufficio, Import-export, Marketing, Ricerca di un Lavoro, Sport, Istruzione, Computer, Internet, Utensili, Natura, Paesi, Nazionalità e altro ancora …

INDICE

Guida alla pronuncia	9
Abbreviazioni	11

CONCETTI DI BASE — 13
Concetti di base. Parte 1 — 13

1. Pronomi — 13
2. Saluti. Convenevoli. Saluti di congedo — 13
3. Come rivolgersi — 14
4. Numeri cardinali. Parte 1 — 14
5. Numeri cardinali. Parte 2 — 15
6. Numeri ordinali — 16
7. Numeri. Frazioni — 16
8. Numeri. Operazioni aritmetiche di base — 16
9. Numeri. Varie — 16
10. I verbi più importanti. Parte 1 — 17
11. I verbi più importanti. Parte 2 — 18
12. I verbi più importanti. Parte 3 — 19
13. I verbi più importanti. Parte 4 — 20
14. Colori — 21
15. Domande — 21
16. Preposizioni — 22
17. Parole grammaticali. Avverbi. Parte 1 — 22
18. Parole grammaticali. Avverbi. Parte 2 — 24

Concetti di base. Parte 2 — 26

19. Giorni della settimana — 26
20. Ore. Giorno e notte — 26
21. Mesi. Stagioni — 27
22. Unità di misura — 29
23. Contenitori — 30

ESSERE UMANO — 31
Essere umano. Il corpo umano — 31

24. Testa — 31
25. Corpo umano — 32

Abbigliamento e Accessori — 33

26. Indumenti. Soprabiti — 33
27. Men's & women's clothing — 33

28. Abbigliamento. Biancheria intima	34
29. Copricapo	34
30. Calzature	34
31. Accessori personali	35
32. Abbigliamento. Varie	35
33. Cura della persona. Cosmetici	36
34. Orologi da polso. Orologio	37

Cibo. Alimentazione — 38

35. Cibo	38
36. Bevande	39
37. Verdure	40
38. Frutta. Noci	41
39. Pane. Dolci	42
40. Pietanze cucinate	42
41. Spezie	43
42. Pasti	44
43. Preparazione della tavola	45
44. Ristorante	45

Famiglia, parenti e amici — 46

45. Informazioni personali. Moduli	46
46. Membri della famiglia. Parenti	46

Medicinali — 48

47. Malattie	48
48. Sintomi. Cure. Parte 1	49
49. Sintomi. Cure. Parte 2	50
50. Sintomi. Cure. Parte 3	51
51. Medici	52
52. Medicinali. Farmaci. Accessori	52

HABITAT UMANO — 54
Città — 54

53. Città. Vita di città	54
54. Servizi cittadini	55
55. Cartelli	56
56. Mezzi pubblici in città	57
57. Visita turistica	58
58. Acquisti	59
59. Denaro	60
60. Posta. Servizio postale	61

Abitazione. Casa — 62

61. Casa. Elettricità	62

62. Villa. Palazzo	62
63. Appartamento	62
64. Arredamento. Interno	63
65. Biancheria da letto	64
66. Cucina	64
67. Bagno	65
68. Elettrodomestici	66

ATTIVITÀ UMANA	**67**
Lavoro. Affari. Parte 1	**67**
69. Ufficio. Lavorare in ufficio	67
70. Operazioni d'affari. Parte 1	68
71. Operazioni d'affari. Parte 2	69
72. Attività produttiva. Lavori	70
73. Contratto. Accordo	71
74. Import-export	72
75. Mezzi finanziari	72
76. Marketing	73
77. Pubblicità	74
78. Attività bancaria	74
79. Telefono. Conversazione telefonica	75
80. Telefono cellulare	76
81. Articoli di cancelleria	76
82. Generi di attività commerciali	77

Lavoro. Affari. Parte 2	**79**
83. Spettacolo. Mostra	79
84. Scienza. Ricerca. Scienziati	80

Professioni e occupazioni	**82**
85. Ricerca di un lavoro. Licenziamento	82
86. Gente d'affari	82
87. Professioni amministrative	83
88. Professioni militari e gradi	84
89. Funzionari. Sacerdoti	85
90. Professioni agricole	85
91. Professioni artistiche	86
92. Professioni varie	86
93. Attività lavorative. Condizione sociale	88

Istruzione	**89**
94. Scuola	89
95. Istituto superiore. Università	90
96. Scienze. Discipline	91
97. Sistema di scrittura. Ortografia	91
98. Lingue straniere	92

Ristorante. Intrattenimento. Viaggi	94
99. Escursione. Viaggio	94
100. Hotel	94

ATTREZZATURA TECNICA. MEZZI DI TRASPORTO	96
Attrezzatura tecnica	96
101. Computer	96
102. Internet. Posta elettronica	97
103. Elettricità	98
104. Utensili	98

Mezzi di trasporto	101
105. Aeroplano	101
106. Treno	102
107. Nave	103
108. Aeroporto	104

Situazioni quotidiane	106
109. Vacanze. Evento	106
110. Funerali. Sepoltura	107
111. Guerra. Soldati	107
112. Guerra. Azioni militari. Parte 1	108
113. Guerra. Azioni militari. Parte 2	110
114. Armi	111
115. Gli antichi	113
116. Il Medio Evo	113
117. Leader. Capo. Le autorità	115
118. Infrangere la legge. Criminali. Parte 1	116
119. Infrangere la legge. Criminali. Parte 2	117
120. Polizia. Legge. Parte 1	118
121. Polizia. Legge. Parte 2	119

LA NATURA	121
La Terra. Parte 1	121
122. L'Universo	121
123. La Terra	122
124. Punti cardinali	123
125. Mare. Oceano	123
126. Nomi dei mari e degli oceani	124
127. Montagne	125
128. Nomi delle montagne	126
129. Fiumi	126
130. Nomi dei fiumi	127
131. Foresta	127
132. Risorse naturali	128

La Terra. Parte 2 130

133. Tempo 130
134. Rigide condizioni metereologiche. Disastri naturali 131

Fauna 132

135. Mammiferi. Predatori 132
136. Animali selvatici 132
137. Animali domestici 133
138. Uccelli 134
139. Pesci. Animali marini 136
140. Anfibi. Rettili 136
141. Insetti 137

Flora 138

142. Alberi 138
143. Arbusti 138
144. Frutti. Bacche 139
145. Fiori. Piante 140
146. Cereali, granaglie 141

PAESI. NAZIONALITÀ 142

147. Europa occidentale 142
148. Europa centrale e orientale 142
149. Paesi dell'ex Unione Sovietica 143
150. Asia 143
151. America del Nord 144
152. America centrale e America del Sud 144
153. Africa 145
154. Australia. Oceania 145
155. Città 145

GUIDA ALLA PRONUNCIA

Lettera	Esempio norvegese	Alfabeto fonetico T&P	Esempio italiano
Aa	plass	[ɑ], [ɑː]	fare
Bb	bøtte, albue	[b]	bianco
Cc [1]	centimeter	[s]	sapere
Cc [2]	Canada	[k]	cometa
Dd	radius	[d]	doccia
Ee	rett	[eː]	essere
Ee [3]	begå	[ɛ]	centro
Ff	fattig	[f]	ferrovia
Gg [4]	golf	[g]	guerriero
Gg [5]	gyllen	[j]	New York
Gg [6]	regnbue	[ŋ]	fango
Hh	hektar	[h]	[h] dolce
Ii	kilometer	[ɪ], [i]	lunedì
Kk	konge	[k]	cometa
Kk [7]	kirke	[h]	[h] dolce
Jj	fjerde	[j]	New York
kj	bikkje	[h]	[h] dolce
Ll	halvår	[l]	saluto
Mm	middag	[m]	mostra
Nn	november	[n]	notte
ng	id_langt	[ŋ]	fango
Oo [8]	honning	[ɔ]	romanzo
Oo [9]	fot, krone	[u]	prugno
Pp	plomme	[p]	pieno
Qq	sequoia	[k]	cometa
Rr	sverge	[r]	ritmo, raro
Ss	appelsin	[s]	sapere
sk [10]	skikk, skyte	[ʃ]	ruscello
Tt	stør, torsk	[t]	tattica
Uu	brudd	[y]	luccio
Vv	kraftverk	[v]	volare
Ww	webside	[v]	volare
Xx	mexicaner	[ks]	taxi
Yy	nytte	[ɪ], [i]	lunedì
Zz [11]	New Zealand	[s]	sinfonia, tsunami
Ææ	vær, stær	[æ]	spremifrutta
Øø	ørn, gjø	[ø]	oblò
Åå	gås, værhår	[oː]	coordinare

Note di commento

1. prima di **e, i**
2. altrove
3. atona
4. prima di **a, o, u, å**
5. prima di **i e y**
6. insieme a **gn**
7. prima di **i e y**
8. prima di due consonanti
9. prima di una consonante
10. prima di **i e y**
11. solo nei prestiti linguistici

ABBREVIAZIONI
usate nel vocabolario

Italiano. Abbreviazioni

agg	-	aggettivo
anim.	-	animato
avv	-	avverbio
cong	-	congiunzione
ecc.	-	eccetera
f	-	sostantivo femminile
f pl	-	femminile plurale
fem.	-	femminile
form.	-	formale
inanim.	-	inanimato
inform.	-	familiare
m	-	sostantivo maschile
m pl	-	maschile plurale
m, f	-	maschile, femminile
masc.	-	maschile
mil.	-	militare
pl	-	plurale
pron	-	pronome
qc	-	qualcosa
qn	-	qualcuno
sing.	-	singolare
v aus	-	verbo ausiliare
vi	-	verbo intransitivo
vi, vt	-	verbo intransitivo, transitivo
vr	-	verbo riflessivo
vt	-	verbo transitivo

Norvegese. Abbreviazioni

f	-	sostantivo femminile
f pl	-	femminile plurale
m	-	sostantivo maschile
m pl	-	maschile plurale
m/f	-	maschile, neutro
m/f pl	-	maschile/femminile plurale
m/f/n	-	maschile/femminile/neutro
m/n	-	maschile, femminile
n	-	neutro

n pl   -   plurale neutro
pl   -   plurale

CONCETTI DI BASE

Concetti di base. Parte 1

1. Pronomi

io	jeg	['jæj]
tu	du	[dʉ]
lui	han	['hɑn]
lei	hun	['hʉn]
esso	det, den	['de], ['den]
noi	vi	['vi]
voi	dere	['derə]
loro	de	['de]

2. Saluti. Convenevoli. Saluti di congedo

Salve!	Hei!	['hæj]
Buongiorno!	Hallo! God dag!	[hɑ'lʉ], [gʊ 'dɑ]
Buongiorno! (la mattina)	God morn!	[gʊ 'mɔːn]
Buon pomeriggio!	God dag!	[gʊ'dɑ]
Buonasera!	God kveld!	[gʊ 'kvɛl]
salutare (vt)	å hilse	[ɔ 'hilsə]
Ciao! Salve!	Hei!	['hæj]
saluto (m)	hilsen (m)	['hilsən]
salutare (vt)	å hilse	[ɔ 'hilsə]
Come sta?	Hvordan står det til?	['vʊːdɑn stoːr de til]
Come stai?	Hvordan går det?	['vʊːdɑn gor de]
Che c'è di nuovo?	Hva nytt?	[vɑ 'nʏt]
Arrivederci!	Ha det bra!	[hɑ de 'brɑ]
Ciao!	Ha det!	[hɑ 'de]
A presto!	Vi ses!	[vi sɛs]
Addio!	Farvel!	[fɑr'vɛl]
congedarsi (vr)	å si farvel	[ɔ 'si fɑr'vɛl]
Ciao! (A presto!)	Ha det!	[hɑ 'de]
Grazie!	Takk!	['tɑk]
Grazie mille!	Tusen takk!	['tʉsən tɑk]
Prego	Bare hyggelig	['bɑrə 'hʏgeli]
Non c'è di che!	Ikke noe å takke for!	['ikə 'nʊe ɔ 'tɑkə fɔr]
Di niente	Ingen årsak!	['iŋən 'oːsɑk]
Scusa!	Unnskyld, ...	['ʉnˌsʏl ...]
Scusi!	Unnskyld meg, ...	['ʉnˌsʏl me ...]

scusare (vt)	å unnskylde	[ɔ 'ʉnˌsylə]
scusarsi (vr)	å unnskylde seg	[ɔ 'ʉnˌsylə sæj]
Chiedo scusa	Jeg ber om unnskyldning	[jæj ber ɔm 'ʉnˌsyldnɪŋ]
Mi perdoni!	Unnskyld!	['ʉnˌsyl]
perdonare (vt)	å tilgi	[ɔ 'tilˌji]
Non fa niente	Ikke noe problem	['ikə 'nʉe prʊ'blem]
per favore	vær så snill	['vær ʂɔ 'snil]
Non dimentichi!	Ikke glem!	['ikə 'glem]
Certamente!	Selvfølgelig!	[sɛl'følgəli]
Certamente no!	Selvfølgelig ikke!	[sɛl'følgəli 'ikə]
D'accordo!	OK! Enig!	[ɔ'kɛj], ['ɛni]
Basta!	Det er nok!	[de ær 'nɔk]

3. Come rivolgersi

Mi scusi!	Unnskyld, ...	['ʉnˌsyl ...]
signore	Herr	['hær]
signora	Fru	['frʉ]
signorina	Frøken	['frøkən]
signore	unge mann	['ʉŋə ˌman]
ragazzo	guttunge	['gʉtˌʉŋə]
ragazza	frøken	['frøkən]

4. Numeri cardinali. Parte 1

zero (m)	null	['nʉl]
uno	en	['en]
due	to	['tʊ]
tre	tre	['tre]
quattro	fire	['fire]
cinque	fem	['fɛm]
sei	seks	['sɛks]
sette	sju	['ʂʉ]
otto	åtte	['ɔtə]
nove	ni	['ni]
dieci	ti	['ti]
undici	elleve	['ɛlvə]
dodici	tolv	['tɔl]
tredici	tretten	['trɛtən]
quattordici	fjorten	['fjɔːtən]
quindici	femten	['fɛmtən]
sedici	seksten	['sæjstən]
diciassette	sytten	['sʏtən]
diciotto	atten	['atən]
diciannove	nitten	['nitən]
venti	tjue	['çʉe]
ventuno	tjueen	['çʉe en]

ventidue	tjueto	['çʉe tʊ]
ventitre	tjuetre	['çʉe tre]
trenta	tretti	['trɛti]
trentuno	trettien	['trɛti en]
trentadue	trettito	['trɛti tʊ]
trentatre	trettitre	['trɛti tre]
quaranta	førti	['fœːʈi]
quarantuno	førtien	['fœːʈi en]
quarantadue	førtito	['fœːʈi tʊ]
quarantatre	førtitre	['fœːʈi tre]
cinquanta	femti	['fɛmti]
cinquantuno	femtien	['fɛmti en]
cinquantadue	femtito	['fɛmti tʊ]
cinquantatre	femtitre	['fɛmti tre]
sessanta	seksti	['sɛksti]
sessantuno	sekstien	['sɛksti en]
sessantadue	sekstito	['sɛksti tʊ]
sessantatre	sekstitre	['sɛksti tre]
settanta	sytti	['sʏti]
settantuno	syttien	['sʏti en]
settantadue	syttito	['sʏti tʊ]
settantatre	syttitre	['sʏti tre]
ottanta	åtti	['ɔti]
ottantuno	åttien	['ɔti en]
ottantadue	åttito	['ɔti tʊ]
ottantatre	åttitre	['ɔti tre]
novanta	nitti	['niti]
novantuno	nittien	['niti en]
novantadue	nittito	['niti tʊ]
novantatre	nittitre	['niti tre]

5. Numeri cardinali. Parte 2

cento	hundre	['hʉndrə]
duecento	to hundre	['tʊ ˌhʉndrə]
trecento	tre hundre	['tre ˌhʉndrə]
quattrocento	fire hundre	['fire ˌhʉndrə]
cinquecento	fem hundre	['fɛm ˌhʉndrə]
seicento	seks hundre	['sɛks ˌhʉndrə]
settecento	syv hundre	['syv ˌhʉndrə]
ottocento	åtte hundre	['ɔtə ˌhʉndrə]
novecento	ni hundre	['ni ˌhʉndrə]
mille	tusen	['tʉsən]
duemila	to tusen	['tʊ ˌtʉsən]
tremila	tre tusen	['tre ˌtʉsən]

diecimila	ti tusen	['ti ˌtʉsən]
centomila	hundre tusen	['hʉndrə ˌtʉsən]
milione (m)	million (m)	[mi'ljun]
miliardo (m)	milliard (m)	[mi'lja:d]

6. Numeri ordinali

primo	første	['fœʂtə]
secondo	annen	['anən]
terzo	tredje	['trɛdjə]
quarto	fjerde	['fjærə]
quinto	femte	['fɛmtə]
sesto	sjette	['ʂɛtə]
settimo	sjuende	['ʂʉenə]
ottavo	åttende	['ɔtenə]
nono	niende	['nienə]
decimo	tiende	['tienə]

7. Numeri. Frazioni

frazione (f)	brøk (m)	['brøk]
un mezzo	en halv	[en 'hal]
un terzo	en tredjedel	[en 'trɛdjəˌdel]
un quarto	en fjerdedel	[en 'fjærəˌdel]
un ottavo	en åttendedel	[en 'ɔtenəˌdel]
un decimo	en tiendedel	[en 'tienəˌdel]
due terzi	to tredjedeler	['tʉ 'trɛdjəˌdelər]
tre quarti	tre fjerdedeler	['tre 'fjærˌdelər]

8. Numeri. Operazioni aritmetiche di base

sottrazione (f)	subtraksjon (m)	[sʉbtrak'ʂʉn]
sottrarre (vt)	å subtrahere	[ɔ 'sʉbtraˌherə]
divisione (f)	divisjon (m)	[divi'ʂʉn]
dividere (vt)	å dividere	[ɔ divi'derə]
addizione (f)	addisjon (m)	[adi'ʂʉn]
addizionare (vt)	å addere	[ɔ a'derə]
aggiungere (vt)	å addere	[ɔ a'derə]
moltiplicazione (f)	multiplikasjon (m)	[mʉltiplika'ʂʉn]
moltiplicare (vt)	å multiplisere	[ɔ mʉltipli'serə]

9. Numeri. Varie

| cifra (f) | siffer (n) | ['sifər] |
| numero (m) | tall (n) | ['tal] |

numerale (m)	tallord (n)	['tɑlˌuːr]
meno (m)	minus (n)	['minʉs]
più (m)	pluss (n)	['plʉs]
formula (f)	formel (m)	['fɔrməl]
calcolo (m)	beregning (m/f)	[beˈrɛjniŋ]
contare (vt)	å telle	[ɔ ˈtɛlə]
calcolare (vt)	å telle opp	[ɔ ˈtɛlə ɔp]
comparare (vt)	å sammenlikne	[ɔ ˈsɑmənˌliknə]
Quanto?	Hvor mye?	[vʊr ˈmye]
Quanti?	Hvor mange?	[vʊr ˈmɑŋə]
somma (f)	sum (m)	[ˈsʉm]
risultato (m)	resultat (n)	[resʉlˈtɑt]
resto (m)	rest (m)	[ˈrɛst]
qualche ...	noen	[ˈnʊən]
alcuni, pochi (non molti)	få, ikke mange	[ˈfɔ], [ˈikə ˌmɑŋə]
poco (non molto)	lite	[ˈlitə]
resto (m)	rest (m)	[ˈrɛst]
uno e mezzo	halvannen	[hɑlˈɑnən]
dozzina (f)	dusin (n)	[dʉˈsin]
in due	i 2 halvdeler	[i tʊ hɑlˈdelər]
in parti uguali	jevnt	[ˈjɛvnt]
metà (f), mezzo (m)	halvdel (m)	[ˈhɑldel]
volta (f)	gang (m)	[ˈgɑŋ]

10. I verbi più importanti. Parte 1

accorgersi (vr)	å bemerke	[ɔ beˈmærkə]
afferrare (vt)	å fange	[ɔ ˈfɑŋə]
affittare (dare in affitto)	å leie	[ɔ ˈlæjə]
aiutare (vt)	å hjelpe	[ɔ ˈjɛlpə]
amare (qn)	å elske	[ɔ ˈɛlskə]
andare (camminare)	å gå	[ɔ ˈgɔ]
annotare (vt)	å skrive ned	[ɔ ˈskrivə ne]
appartenere (vi)	å tilhøre ...	[ɔ ˈtilˌhørə ...]
aprire (vt)	å åpne	[ɔ ˈɔpnə]
arrivare (vi)	å ankomme	[ɔ ˈɑnˌkɔmə]
aspettare (vt)	å vente	[ɔ ˈvɛntə]
avere (vt)	å ha	[ɔ ˈhɑ]
avere fame	å være sulten	[ɔ ˈværə ˈsʉltən]
avere fretta	å skynde seg	[ɔ ˈsynə sæj]
avere paura	å frykte	[ɔ ˈfrʏktə]
avere sete	å være tørst	[ɔ ˈværə ˈtœʂt]
avvertire (vt)	å varsle	[ɔ ˈvɑʂlə]
cacciare (vt)	å jage	[ɔ ˈjagə]
cadere (vi)	å falle	[ɔ ˈfɑlə]
cambiare (vt)	å endre	[ɔ ˈɛndrə]

capire (vt)	å forstå	[ɔ fɔ'ʂtɔ]
cenare (vi)	å spise middag	[ɔ 'spisə 'mi‚dɑ]
cercare (vt)	å søke ...	[ɔ 'søkə ...]
cessare (vt)	å slutte	[ɔ 'ʂlʉtə]
chiedere (~ aiuto)	å tilkalle	[ɔ 'til‚kɑlə]
chiedere (domandare)	å spørre	[ɔ 'spørə]
cominciare (vt)	å begynne	[ɔ be'jinə]
comparare (vt)	å sammenlikne	[ɔ 'sɑmən‚liknə]
confondere (vt)	å forveksle	[ɔ fɔr'vɛkʂlə]
conoscere (qn)	å kjenne	[ɔ 'çɛnə]
conservare (vt)	å beholde	[ɔ be'hɔlə]
consigliare (vt)	å råde	[ɔ 'rɔːdə]
contare (calcolare)	å telle	[ɔ 'tɛlə]
contare su ...	å regne med ...	[ɔ 'rɛjnə me ...]
continuare (vt)	å fortsette	[ɔ 'fɔrt‚sɛtə]
controllare (vt)	å kontrollere	[ɔ kʉntrɔ'lerə]
correre (vi)	å løpe	[ɔ 'løpə]
costare (vt)	å koste	[ɔ 'kɔstə]
creare (vt)	å opprette	[ɔ 'ɔp‚rɛtə]
cucinare (vi)	å lage	[ɔ 'lɑgə]

11. I verbi più importanti. Parte 2

dare (vt)	å gi	[ɔ 'ji]
dare un suggerimento	å gi et vink	[ɔ 'ji et 'vink]
decorare (adornare)	å pryde	[ɔ 'prydə]
difendere (~ un paese)	å forsvare	[ɔ fɔ'ʂvɑrə]
dimenticare (vt)	å glemme	[ɔ 'glemə]
dire (~ la verità)	å si	[ɔ 'si]
dirigere (compagnia, ecc.)	å styre, å lede	[ɔ 'styrə], [ɔ 'ledə]
discutere (vt)	å diskutere	[ɔ diskʉ'terə]
domandare (vt)	å be	[ɔ 'be]
dubitare (vi)	å tvile	[ɔ 'tvilə]
entrare (vi)	å komme inn	[ɔ 'kɔmə in]
esigere (vt)	å kreve	[ɔ 'krevə]
esistere (vi)	å eksistere	[ɔ ɛksi'sterə]
essere (vi)	å være	[ɔ 'værə]
essere d'accordo	å samtykke	[ɔ 'sɑm‚tʏkə]
fare (vt)	å gjøre	[ɔ 'jørə]
fare colazione	å spise frokost	[ɔ 'spisə ‚frʉkɔst]
fare il bagno	å bade	[ɔ 'bɑdə]
fermarsi (vr)	å stoppe	[ɔ 'stɔpə]
fidarsi (vr)	å stole på	[ɔ 'stʉlə pɔ]
finire (vt)	å slutte	[ɔ 'ʂlʉtə]
firmare (~ un documento)	å underskrive	[ɔ 'ʉnə‚skrivə]
giocare (vi)	å leke	[ɔ 'lekə]
girare (~ a destra)	å svinge	[ɔ 'sviŋə]

gridare (vi)	å skrike	[ɔ 'skrikə]
indovinare (vt)	å gjette	[ɔ 'jɛtə]
informare (vt)	å informere	[ɔ infɔr'merə]

ingannare (vt)	å fuske	[ɔ 'fʉskə]
insistere (vi)	å insistere	[ɔ insi'sterə]
insultare (vt)	å fornærme	[ɔ fɔː'nærmə]
interessarsi di ...	å interessere seg	[ɔ intərə'serə sæj]
invitare (vt)	å innby, å invitere	[ɔ 'inby], [ɔ invi'terə]

lamentarsi (vr)	å klage	[ɔ 'klɑgə]
lasciar cadere	å tappe	[ɔ 'tɑpə]
lavorare (vi)	å arbeide	[ɔ 'ɑrˌbæjdə]
leggere (vi, vt)	å lese	[ɔ 'lesə]
liberare (vt)	å befri	[ɔ be'fri]

12. I verbi più importanti. Parte 3

mancare le lezioni	å skulke	[ɔ 'skʉlkə]
mandare (vt)	å sende	[ɔ 'sɛnə]
menzionare (vt)	å omtale, å nevne	[ɔ 'ɔmˌtɑlə], [ɔ 'nɛvnə]
minacciare (vt)	å true	[ɔ 'trʉə]
mostrare (vt)	å vise	[ɔ 'visə]

nascondere (vt)	å gjemme	[ɔ 'jɛmə]
nuotare (vi)	å svømme	[ɔ 'svœmə]
obiettare (vt)	å innvende	[ɔ 'inˌvɛnə]
occorrere (vimp)	å være behøv	[ɔ 'værə bə'høv]
ordinare (~ il pranzo)	å bestille	[ɔ be'stilə]

ordinare (mil.)	å beordre	[ɔ be'ɔrdrə]
osservare (vt)	å observere	[ɔ ɔbsɛr'verə]
pagare (vi, vt)	å betale	[ɔ be'tɑlə]
parlare (vi, vt)	å tale	[ɔ 'tɑlə]
partecipare (vi)	å delta	[ɔ 'dɛltɑ]

pensare (vi, vt)	å tenke	[ɔ 'tɛnkə]
perdonare (vt)	å tilgi	[ɔ 'tilˌji]
permettere (vt)	å tillate	[ɔ 'tiˌlɑtə]
piacere (vi)	å like	[ɔ 'likə]
piangere (vi)	å gråte	[ɔ 'groːtə]

pianificare (vt)	å planlegge	[ɔ 'plɑnˌlegə]
possedere (vt)	å besidde, å eie	[ɔ bɛ'sidə], [ɔ 'æjə]
potere (v aus)	å kunne	[ɔ 'kʉnə]
pranzare (vi)	å spise lunsj	[ɔ 'spisə ˌlʉnʂ]
preferire (vt)	å foretrekke	[ɔ 'fɔrəˌtrɛkə]

pregare (vi, vt)	å be	[ɔ 'be]
prendere (vt)	å ta	[ɔ 'tɑ]
prevedere (vt)	å forutse	[ɔ 'fɔrʉtˌsə]
promettere (vt)	å love	[ɔ 'lɔvə]
pronunciare (vt)	å uttale	[ɔ 'ʉtˌtɑlə]
proporre (vt)	å foreslå	[ɔ 'fɔrəˌʂlɔ]

punire (vt)	å straffe	[ɔ 'strafə]
raccomandare (vt)	å anbefale	[ɔ 'anbe‚falə]
ridere (vi)	å le, å skratte	[ɔ 'le], [ɔ 'skratə]
rifiutarsi (vr)	å vegre seg	[ɔ 'vɛgrə sæj]
rincrescere (vi)	å beklage	[ɔ be'klagə]
ripetere (ridire)	å gjenta	[ɔ 'jɛnta]
riservare (vt)	å reservere	[ɔ resɛr'verə]
rispondere (vi, vt)	å svare	[ɔ 'svarə]
rompere (spaccare)	å bryte	[ɔ 'brytə]
rubare (~ i soldi)	å stjele	[ɔ 'stjelə]

13. I verbi più importanti. Parte 4

salvare (~ la vita a qn)	å redde	[ɔ 'rɛdə]
sapere (vt)	å vite	[ɔ 'vitə]
sbagliare (vi)	å gjøre feil	[ɔ 'jørə ‚fæjl]
scavare (vt)	å grave	[ɔ 'gravə]
scegliere (vt)	å velge	[ɔ 'vɛlgə]
scendere (vi)	å gå ned	[ɔ 'gɔ ne]
scherzare (vi)	å spøke	[ɔ 'spøkə]
scrivere (vt)	å skrive	[ɔ 'skrivə]
scusare (vt)	å unnskylde	[ɔ 'ʉn‚sylə]
scusarsi (vr)	å unnskylde seg	[ɔ 'ʉn‚sylə sæj]
sedersi (vr)	å sette seg	[ɔ 'sɛtə sæj]
seguire (vt)	å følge etter ...	[ɔ 'følə 'ɛtər ...]
sgridare (vt)	å skjelle	[ɔ 'ʂɛːlə]
significare (vt)	å bety	[ɔ 'bety]
sorridere (vi)	å smile	[ɔ 'smilə]
sottovalutare (vt)	å undervurdere	[ɔ 'ʉnərvʉː‚ɖerə]
sparare (vi)	å skyte	[ɔ 'ʂytə]
sperare (vi, vt)	å håpe	[ɔ 'hoːpə]
spiegare (vt)	å forklare	[ɔ for'klarə]
studiare (vt)	å studere	[ɔ stʉ'derə]
stupirsi (vr)	å bli forundret	[ɔ 'bli fɔ'rʉndrət]
tacere (vi)	å tie	[ɔ 'tie]
tentare (vt)	å prøve	[ɔ 'prøvə]
toccare (~ con le mani)	å røre	[ɔ 'rørə]
tradurre (vt)	å oversette	[ɔ 'ɔvə‚sɛtə]
trovare (vt)	å finne	[ɔ 'finə]
uccidere (vt)	å døde, å myrde	[ɔ 'dødə], [ɔ 'myːdə]
udire (percepire suoni)	å høre	[ɔ 'hørə]
unire (vt)	å forene	[ɔ fɔ'renə]
uscire (vi)	å gå ut	[ɔ 'gɔ ʉt]
vantarsi (vr)	å prale	[ɔ 'pralə]
vedere (vt)	å se	[ɔ 'se]
vendere (vt)	å selge	[ɔ 'sɛlə]
volare (vi)	å fly	[ɔ 'fly]
volere (desiderare)	å ville	[ɔ 'vilə]

14. Colori

colore (m)	farge (m)	['fɑrgə]
sfumatura (f)	nyanse (m)	[ny'ɑnse]
tono (m)	fargetone (m)	['fɑrgəˌtʊnə]
arcobaleno (m)	regnbue (m)	['ræjnˌbʉːə]

bianco (agg)	hvit	['vit]
nero (agg)	svart	['svɑːţ]
grigio (agg)	grå	['grɔ]

verde (agg)	grønn	['grœn]
giallo (agg)	gul	['gʉl]
rosso (agg)	rød	['rø]

blu (agg)	blå	['blɔ]
azzurro (agg)	lyseblå	['lysəˌblɔ]
rosa (agg)	rosa	['rɔsɑ]
arancione (agg)	oransje	[ɔ'rɑnʂɛ]
violetto (agg)	fiolett	[fiʊ'lət]
marrone (agg)	brun	['brʉn]

d'oro (agg)	gullgul	['gʉl]
argenteo (agg)	sølv-	['søl-]

beige (agg)	beige	['bɛːʂ]
color crema (agg)	kremfarget	['krɛmˌfɑrgət]
turchese (agg)	turkis	[tʉr'kis]
rosso ciliegia (agg)	kirsebærrød	['çiʂəbærˌrød]
lilla (agg)	lilla	['lilɑ]
rosso lampone (agg)	karminrød	['kɑrmʊ'sinˌrød]

chiaro (agg)	lys	['lys]
scuro (agg)	mørk	['mœrk]
vivo, vivido (agg)	klar	['klɑr]

colorato (agg)	farge-	['fɑrgə-]
a colori	farge-	['fɑrgə-]
bianco e nero (agg)	svart-hvit	['svɑːţ vit]
in tinta unita	ensfarget	['ɛnsˌfɑrgət]
multicolore (agg)	mangefarget	['mɑŋəˌfɑrgət]

15. Domande

Chi?	Hvem?	['vɛm]
Che cosa?	Hva?	['vɑ]
Dove? (in che luogo?)	Hvor?	['vʊr]
Dove? (~ vai?)	Hvorhen?	['vʊrhen]
Di dove?, Da dove?	Hvorfra?	['vʊrfrɑ]
Quando?	Når?	[nɔr]
Perché? (per quale scopo?)	Hvorfor?	['vʊrfʊr]
Perché? (per quale ragione?)	Hvorfor?	['vʊrfʊr]
Per che cosa?	Hvorfor?	['vʊrfʊr]

Come?	Hvordan?	['vʊːdɑn]
Che? (~ colore è?)	Hvilken?	['vilkən]
Quale?	Hvilken?	['vilkən]

A chi?	Til hvem?	[til 'vɛm]
Di chi?	Om hvem?	[ɔm 'vɛm]
Di che cosa?	Om hva?	[ɔm 'vɑ]
Con chi?	Med hvem?	[me 'vɛm]

Quanti?	Hvor mange?	[vʊr 'mɑŋə]
Quanto?	Hvor mye?	[vʊr 'mye]
Di chi?	Hvis?	['vis]

16. Preposizioni

con (tè ~ il latte)	med	[me]
senza	uten	['ʉtən]
a (andare ~ ...)	til	['til]
di (parlare ~ ...)	om	['ɔm]
prima di ...	før	['før]
di fronte a ...	foran, framfor	['forɑn], ['frɑmfor]

sotto (avv)	under	['ʉnər]
sopra (al di ~)	over	['ɔvər]
su (sul tavolo, ecc.)	på	['pɔ]
da, di (via da ..., fuori di ...)	fra	['frɑ]
di (fatto ~ cartone)	av	[ɑː]

| fra (~ dieci minuti) | om | ['ɔm] |
| attraverso (dall'altra parte) | over | ['ɔvər] |

17. Parole grammaticali. Avverbi. Parte 1

Dove?	Hvor?	['vʊr]
qui (in questo luogo)	her	['hɛr]
lì (in quel luogo)	der	['dɛr]

| da qualche parte (essere ~) | et sted | [et 'sted] |
| da nessuna parte | ingensteds | ['iŋən‚stɛts] |

| vicino a ... | ved | ['ve] |
| vicino alla finestra | ved vinduet | [ve 'vindʉə] |

Dove?	Hvorhen?	['vʊrhen]
qui (vieni ~)	hit	['hit]
ci (~ vado stasera)	dit	['dit]
da qui	herfra	['hɛr‚frɑ]
da lì	derfra	['dɛr‚frɑ]

vicino, accanto (avv)	nær	['nær]
lontano (avv)	langt	['lɑŋt]
vicino (~ a Parigi)	nær	['nær]

vicino (qui ~)	i nærheten	[i 'nær‚hetən]
non lontano	ikke langt	['ikə 'laŋt]
sinistro (agg)	venstre	['vɛnstrə]
a sinistra (rimanere ~)	til venstre	[til 'vɛnstrə]
a sinistra (girare ~)	til venstre	[til 'vɛnstrə]
destro (agg)	høyre	['højrə]
a destra (rimanere ~)	til høyre	[til 'højrə]
a destra (girare ~)	til høyre	[til 'højrə]
davanti	foran	['fɔrɑn]
anteriore (agg)	fremre	['frɛmrə]
avanti	fram	['frɑm]
dietro (avv)	bakom	['bɑkɔm]
da dietro	bakfra	['bɑk‚frɑ]
indietro	tilbake	[til'bɑkə]
mezzo (m), centro (m)	midt (m)	['mit]
in mezzo, al centro	i midten	[i 'mitən]
di fianco	fra siden	[frɑ 'sidən]
dappertutto	overalt	[ɔvər'ɑlt]
attorno	rundt omkring	['rʉnt ɔm'kriŋ]
da dentro	innefra	['inə‚frɑ]
da qualche parte (andare ~)	et sted	[et 'sted]
dritto (direttamente)	rett, direkte	['rɛt], ['di'rɛktə]
indietro	tilbake	[til'bɑkə]
da qualsiasi parte	et eller annet steds fra	[et 'elər ‚ɑːnt 'stɛts frɑ]
da qualche posto (veniamo ~)	et eller annet steds fra	[et 'elər ‚ɑːnt 'stɛts frɑ]
in primo luogo	for det første	[fɔr de 'fœʂtə]
in secondo luogo	for det annet	[fɔr de 'ɑːnt]
in terzo luogo	for det tredje	[fɔr de 'trɛdje]
all'improvviso	plutselig	['plʉtseli]
all'inizio	i begynnelsen	[i be'jinəlsən]
per la prima volta	for første gang	[fɔr 'fœʂtə ‚gɑŋ]
molto tempo prima di…	lenge før …	['leŋə 'før …]
di nuovo	på nytt	[pɔ 'nʏt]
per sempre	for godt	[fɔr 'gɔt]
mai	aldri	['ɑldri]
ancora	igjen	[i'jɛn]
adesso	nå	['nɔ]
spesso (avv)	ofte	['ɔftə]
allora	da	['dɑ]
urgentemente	omgående	['ɔm‚gɔːnə]
di solito	vanligvis	['vɑnli‚vis]
a proposito, …	forresten, …	[fɔ'rɛstən …]
è possibile	mulig, kanskje	['mʉli], ['kɑnʂə]

probabilmente	sannsynligvis	[sɑn'sʏnli͵vis]
forse	kanskje	['kanʂə]
inoltre ...	dessuten, ...	[des'ɵtən ...]
ecco perché ...	derfor ...	['dɛrfɔr ...]
nonostante (~ tutto)	på tross av ...	['pɔ 'trɔs ɑ: ...]
grazie a ...	takket være ...	['takət ͵værə ...]
che cosa (pron)	hva	['vɑ]
che (cong)	at	[at]
qualcosa (qualsiasi cosa)	noe	['nʊe]
qualcosa (le serve ~?)	noe	['nʊe]
niente	ingenting	['iŋəntiŋ]
chi (pron)	hvem	['vɛm]
qualcuno (annuire a ~)	noen	['nʊən]
qualcuno (dipendere da ~)	noen	['nʊən]
nessuno	ingen	['iŋən]
da nessuna parte	ingensteds	['iŋən͵stɛts]
di nessuno	ingens	['iŋəns]
di qualcuno	noens	['nʊəns]
così (era ~ arrabbiato)	så	['sɔ:]
anche (penso ~ a ...)	også	['ɔsɔ]
anche, pure	også	['ɔsɔ]

18. Parole grammaticali. Avverbi. Parte 2

Perché?	Hvorfor?	['vʊrfʊr]
per qualche ragione	av en eller annen grunn	[ɑ: en elər 'anən ͵grʉn]
perché ...	fordi ...	[fɔ'di ...]
per qualche motivo	av en eller annen grunn	[ɑ: en elər 'anən ͵grʉn]
e (cong)	og	['ɔ]
o (sì ~ no?)	eller	['elər]
ma (però)	men	['men]
per (~ me)	for, til	[fɔr], [til]
troppo	for, altfor	['fɔr], ['altfɔr]
solo (avv)	bare	['bɑrə]
esattamente	presis, eksakt	[prɛ'sis], [ɛk'sakt]
circa (~ 10 dollari)	cirka	['sirka]
approssimativamente	omtrent	[ɔm'trɛnt]
approssimativo (agg)	omtrentlig	[ɔm'trɛntli]
quasi	nesten	['nɛstən]
resto	rest (m)	['rɛst]
l'altro (~ libro)	den annen	[den 'anən]
altro (differente)	andre	['andrə]
ogni (agg)	hver	['vɛr]
qualsiasi (agg)	hvilken som helst	['vilkən sɔm 'hɛlst]
molti, molto	mye	['mye]
molta gente	mange	['maŋə]

tutto, tutti	alle	['ɑlə]
in cambio di ...	til gjengjeld for ...	[til 'jɛnjɛl fɔr ...]
in cambio	istedenfor	[i'steden,fɔr]
a mano (fatto ~)	for hånd	[fɔr 'hɔn]
poco probabile	neppe	['nepə]
probabilmente	sannsynligvis	[sɑn'sʏnli‚vis]
apposta	med vilje	[me 'vilje]
per caso	tilfeldigvis	[til'fɛldivis]
molto (avv)	meget	['megət]
per esempio	for eksempel	[fɔr ɛk'sɛmpəl]
fra (~ due)	mellom	['mɛlom]
fra (~ più di due)	blant	['blɑnt]
tanto (quantità)	så mye	['sɔ: mye]
soprattutto	særlig	['sæ:ḷi]

Concetti di base. Parte 2

19. Giorni della settimana

lunedì (m)	mandag (m)	['manˌda]
martedì (m)	tirsdag (m)	['tiʂˌda]
mercoledì (m)	onsdag (m)	['ʊnsˌda]
giovedì (m)	torsdag (m)	['tɔʂˌda]
venerdì (m)	fredag (m)	['frɛˌda]
sabato (m)	lørdag (m)	['lørˌda]
domenica (f)	søndag (m)	['sønˌda]
oggi (avv)	i dag	[i 'da]
domani	i morgen	[i 'mɔːən]
dopodomani	i overmorgen	[i 'ɔverˌmɔːən]
ieri (avv)	i går	[i 'gɔr]
l'altro ieri	i forgårs	[i 'fɔrˌgɔʂ]
giorno (m)	dag (m)	['da]
giorno (m) lavorativo	arbeidsdag (m)	['ɑrbæjdsˌda]
giorno (m) festivo	festdag (m)	['fɛstˌda]
giorno (m) di riposo	fridag (m)	['friˌda]
fine (m) settimana	ukeslutt (m), helg (f)	['ʉkəˌslʉt], ['hɛlg]
tutto il giorno	hele dagen	['helə 'dagən]
l'indomani	neste dag	['nɛstə ˌda]
due giorni fa	for to dager siden	[fɔr tʉ 'dagər ˌsidən]
il giorno prima	dagen før	['dagən 'før]
quotidiano (agg)	daglig	['dagli]
ogni giorno	hver dag	['vɛr da]
settimana (f)	uke (m/f)	['ʉkə]
la settimana scorsa	siste uke	['sistə 'ʉkə]
la settimana prossima	i neste uke	[i 'nɛstə 'ʉkə]
settimanale (agg)	ukentlig	['ʉkəntli]
ogni settimana	hver uke	['vɛr 'ʉkə]
due volte alla settimana	to ganger per uke	['tʉ 'gaŋər per 'ʉkə]
ogni martedì	hver tirsdag	['vɛr 'tiʂda]

20. Ore. Giorno e notte

mattina (f)	morgen (m)	['mɔːən]
di mattina	om morgenen	[ɔm 'mɔːenən]
mezzogiorno (m)	middag (m)	['miˌda]
nel pomeriggio	om ettermiddagen	[ɔm 'ɛtərˌmidagən]
sera (f)	kveld (m)	['kvɛl]
di sera	om kvelden	[ɔm 'kvɛlən]

notte (f)	natt (m/f)	['nɑt]
di notte	om natta	[ɔm 'nɑtɑ]
mezzanotte (f)	midnatt (m/f)	['mid̦nɑt]

secondo (m)	sekund (m/n)	[se'kʉn]
minuto (m)	minutt (n)	[mi'nʉt]
ora (f)	time (m)	['timə]
mezzora (f)	halvtime (m)	['hɑl̦timə]
un quarto d'ora	kvarter (n)	[kvɑ:ʈer]
quindici minuti	femten minutter	['fɛmtən mi'nʉtər]
ventiquattro ore	døgn (n)	['døjn]

levata (f) del sole	soloppgang (m)	['sʉlɔp̦gɑŋ]
alba (f)	daggry (n)	['dɑg̦gry]
mattutino (m)	tidlig morgen (m)	['tili 'mɔ:ən]
tramonto (m)	solnedgang (m)	['sʉlned̦gɑŋ]

di buon mattino	tidlig om morgenen	['tili ɔm 'mɔ:enən]
stamattina	i morges	[i 'mɔrəs]
domattina	i morgen tidlig	[i 'mɔ:ən 'tili]

oggi pomeriggio	i formiddag	[i 'fɔrmi̦dɑ]
nel pomeriggio	om ettermiddagen	[ɔm 'ɛtər̦midɑgən]
domani pomeriggio	i morgen ettermiddag	[i 'mɔ:ən 'ɛtər̦midɑ]

stasera	i kveld	[i 'kvɛl]
domani sera	i morgen kveld	[i 'mɔ:ən ̦kvɛl]

alle tre precise	presis klokka tre	[prɛ'sis 'klɔkɑ tre]
verso le quattro	ved fire-tiden	[ve 'fire ̦tidən]
per le dodici	innen klokken tolv	['inən 'klɔkən tɔl]

fra venti minuti	om tjue minutter	[ɔm 'çʉə mi'nʉtər]
fra un'ora	om en time	[ɔm en 'timə]
puntualmente	i tide	[i 'tidə]

un quarto di ...	kvart på ...	['kvɑ:ʈ pɔ ...]
entro un'ora	innen en time	['inən en 'time]
ogni quindici minuti	hvert kvarter	['vɛ:ʈ kvɑ:'ʈer]
giorno e notte	døgnet rundt	['døjne ̦rʉnt]

21. Mesi. Stagioni

gennaio (m)	januar (m)	['jɑnʉ̦ɑr]
febbraio (m)	februar (m)	['febrʉ̦ɑr]
marzo (m)	mars (m)	['mɑṣ]
aprile (m)	april (m)	[ɑ'pril]
maggio (m)	mai (m)	['mɑj]
giugno (m)	juni (m)	['jʉni]

luglio (m)	juli (m)	['jʉli]
agosto (m)	august (m)	[aʊ'gʉst]
settembre (m)	september (m)	[sep'tɛmbər]
ottobre (m)	oktober (m)	[ɔk'tʊbər]

novembre (m)	november (m)	[nʊ'vɛmbər]
dicembre (m)	desember (m)	[de'sɛmbər]
primavera (f)	vår (m)	['vɔːr]
in primavera	om våren	[ɔm 'voːrən]
primaverile (agg)	vår-, vårlig	['vɔːr-], ['vɔːli]
estate (f)	sommer (m)	['sɔmər]
in estate	om sommeren	[ɔm 'sɔmerən]
estivo (agg)	sommer-	['sɔmər-]
autunno (m)	høst (m)	['høst]
in autunno	om høsten	[ɔm 'høstən]
autunnale (agg)	høst-, høstlig	['høst-], ['høstli]
inverno (m)	vinter (m)	['vintər]
in inverno	om vinteren	[ɔm 'vinterən]
invernale (agg)	vinter-	['vintər-]
mese (m)	måned (m)	['moːnət]
questo mese	denne måneden	['dɛnə 'moːnedən]
il mese prossimo	neste måned	['nɛstə 'moːnət]
il mese scorso	forrige måned	['fɔriə ˌmoːnət]
un mese fa	for en måned siden	[fɔr en 'moːnət ˌsidən]
fra un mese	om en måned	[ɔm en 'moːnət]
fra due mesi	om to måneder	[ɔm 'tʊ 'moːnedər]
un mese intero	en hel måned	[en 'hel 'moːnət]
per tutto il mese	hele måned	['helə 'moːnət]
mensile (rivista ~)	månedlig	['moːnədli]
mensilmente	månedligt	['moːnedlət]
ogni mese	hver måned	[ˌvɛr 'moːnət]
due volte al mese	to ganger per måned	['tʊ 'gaŋər per 'moːnət]
anno (m)	år (n)	['ɔr]
quest'anno	i år	[i 'oːr]
l'anno prossimo	neste år	['nɛstə ˌoːr]
l'anno scorso	i fjor	[i 'fjɔr]
un anno fa	for et år siden	[fɔr et 'oːr ˌsidən]
fra un anno	om et år	[ɔm et 'oːr]
fra due anni	om to år	[ɔm 'tʊ 'oːr]
un anno intero	hele året	['helə 'oːre]
per tutto l'anno	hele året	['helə 'oːre]
ogni anno	hvert år	['vɛːt 'oːr]
annuale (agg)	årlig	['oːli]
annualmente	årlig, hvert år	['oːli], ['vɛːt 'ɔr]
quattro volte all'anno	fire ganger per år	['fire 'gaŋər per 'oːr]
data (f) (~ di oggi)	dato (m)	['datʊ]
data (f) (~ di nascita)	dato (m)	['datʊ]
calendario (m)	kalender (m)	[kɑ'lendər]
mezz'anno (m)	halvår (n)	['halˌoːr]
semestre (m)	halvår (n)	['halˌoːr]

| stagione (f) (estate, ecc.) | årstid (m/f) | ['o:ʂˌtid] |
| secolo (m) | århundre (n) | ['ɔrˌhʉndrə] |

22. Unità di misura

peso (m)	vekt (m)	['vɛkt]
lunghezza (f)	lengde (m/f)	['leŋdə]
larghezza (f)	bredde (m)	['brɛdə]
altezza (f)	høyde (m)	['højdə]
profondità (f)	dybde (m)	['dʏbdə]
volume (m)	volum (n)	[vɔ'lʉm]
area (f)	areal (n)	[ˌɑre'ɑl]

grammo (m)	gram (n)	['grɑm]
milligrammo (m)	milligram (n)	['miliˌgrɑm]
chilogrammo (m)	kilogram (n)	['çiluˌgrɑm]
tonnellata (f)	tonn (m/n)	['tɔn]
libbra (f)	pund (n)	['pʉn]
oncia (f)	unse (m)	['ʉnsə]

metro (m)	meter (m)	['metər]
millimetro (m)	millimeter (m)	['miliˌmetər]
centimetro (m)	centimeter (m)	['sɛntiˌmetər]
chilometro (m)	kilometer (m)	['çiluˌmetər]
miglio (m)	mil (m/f)	['mil]

pollice (m)	tomme (m)	['tɔmə]
piede (f)	fot (m)	['fʊt]
iarda (f)	yard (m)	['jɑ:rd]

| metro (m) quadro | kvadratmeter (m) | [kvɑ'drɑtˌmetər] |
| ettaro (m) | hektar (n) | ['hɛktɑr] |

litro (m)	liter (m)	['litər]
grado (m)	grad (m)	['grɑd]
volt (m)	volt (m)	['vɔlt]
ampere (m)	ampere (m)	[ɑm'pɛr]
cavallo vapore (m)	hestekraft (m/f)	['hɛstəˌkrɑft]

quantità (f)	mengde (m)	['mɛŋdə]
un po' di ...	få ...	['fɔ ...]
metà (f)	halvdel (m)	['hɑldel]

| dozzina (f) | dusin (n) | [dʉ'sin] |
| pezzo (m) | stykke (n) | ['stʏkə] |

| dimensione (f) | størrelse (m) | ['stœrəlsə] |
| scala (f) (modello in ~) | målestokk (m) | ['mo:ləˌstɔk] |

minimo (agg)	minimal	[mini'mɑl]
minore (agg)	minste	['minstə]
medio (agg)	middel-	['midəl-]
massimo (agg)	maksimal	[mɑksi'mɑl]
maggiore (agg)	største	['stœʂtə]

23. Contenitori

barattolo (m) di vetro	glaskrukke (m/f)	['glɑsˌkrʉkə]
latta, lattina (f)	boks (m)	['bɔks]
secchio (m)	bøtte (m/f)	['bœtə]
barile (m), botte (f)	tønne (m)	['tœnə]
catino (m)	vaskefat (n)	['vɑskəˌfɑt]
serbatoio (m) (per liquidi)	tank (m)	['tɑnk]
fiaschetta (f)	lommelerke (m/f)	['lʉməˌlærkə]
tanica (f)	bensinkanne (m/f)	[bɛn'sinˌkɑnə]
cisterna (f)	tank (m)	['tɑnk]
tazza (f)	krus (n)	['krʉs]
tazzina (f) (~ di caffé)	kopp (m)	['kɔp]
piattino (m)	tefat (n)	['teˌfɑt]
bicchiere (m) (senza stelo)	glass (n)	['glɑs]
calice (m)	vinglass (n)	['vinˌglɑs]
casseruola (f)	gryte (m/f)	['grytə]
bottiglia (f)	flaske (m)	['flɑskə]
collo (m) (~ della bottiglia)	flaskehals (m)	['flɑskəˌhɑls]
caraffa (f)	karaffel (m)	[kɑ'rɑfəl]
brocca (f)	mugge (m/f)	['mʉgə]
recipiente (m)	beholder (m)	[be'hɔlər]
vaso (m) di coccio	pott, potte (m)	['pɔt], ['pɔtə]
vaso (m) di fiori	vase (m)	['vɑsə]
boccetta (f) (~ di profumo)	flakong (m)	[flɑ'kɔŋ]
fiala (f)	flaske (m/f)	['flɑskə]
tubetto (m)	tube (m)	['tʉbə]
sacco (m) (~ di patate)	sekk (m)	['sɛk]
sacchetto (m) (~ di plastica)	pose (m)	['pʉsə]
pacchetto (m) (~ di sigarette, ecc.)	pakke (m/f)	['pɑkə]
scatola (f) (~ per scarpe)	eske (m/f)	['ɛskə]
cassa (f) (~ di vino, ecc.)	kasse (m/f)	['kɑsə]
cesta (f)	kurv (m)	['kʉrv]

ESSERE UMANO

Essere umano. Il corpo umano

24. Testa

testa (f)	hode (n)	['hʊdə]
viso (m)	ansikt (n)	['ɑnsikt]
naso (m)	nese (m/f)	['nesə]
bocca (f)	munn (m)	['mʉn]
occhio (m)	øye (n)	['øjə]
occhi (m pl)	øyne (n pl)	['øjnə]
pupilla (f)	pupill (m)	[pʉ'pil]
sopracciglio (m)	øyenbryn (n)	['øjən‚bryn]
ciglio (m)	øyenvipp (m)	['øjən‚vip]
palpebra (f)	øyelokk (m)	['øjə‚lɔk]
lingua (f)	tunge (m/f)	['tʉŋə]
dente (m)	tann (m/f)	['tan]
labbra (f pl)	lepper (m/f pl)	['lepər]
zigomi (m pl)	kinnbein (n pl)	['çin‚bæjn]
gengiva (f)	tannkjøtt (n)	['tan‚çœt]
palato (m)	gane (m)	['ganə]
narici (f pl)	nesebor (n pl)	['nesə‚bʊr]
mento (m)	hake (m/f)	['hakə]
mascella (f)	kjeve (m)	['çɛvə]
guancia (f)	kinn (n)	['çin]
fronte (f)	panne (m/f)	['panə]
tempia (f)	tinning (m)	['tiniŋ]
orecchio (m)	øre (n)	['ørə]
nuca (f)	bakhode (n)	['bak‚hodə]
collo (m)	hals (m)	['hals]
gola (f)	strupe, hals (m)	['strʉpə], ['hals]
capelli (m pl)	hår (n pl)	['hɔr]
pettinatura (f)	frisyre (m)	[fri'syrə]
taglio (m)	hårfasong (m)	['hɔːrfa‚sɔŋ]
parrucca (f)	parykk (m)	[pa'rʏk]
baffi (m pl)	mustasje (m)	[mʉ'staʂə]
barba (f)	skjegg (n)	['ʂɛg]
portare (~ la barba, ecc.)	å ha	[ɔ 'ha]
treccia (f)	flette (m/f)	['fletə]
basette (f pl)	bakkenbarter (pl)	['bakən‚baːtər]
rosso (agg)	rødhåret	['rø‚hoːrət]
brizzolato (agg)	grå	['grɔ]

| calvo (agg) | skallet | ['skalət] |
| calvizie (f) | skallet flekk (m) | ['skalət ˌflek] |

| coda (f) di cavallo | hestehale (m) | ['hɛstəˌhalə] |
| frangetta (f) | pannelugg (m) | ['panəˌlʉg] |

25. Corpo umano

| mano (f) | hånd (m/f) | ['hɔn] |
| braccio (m) | arm (m) | ['arm] |

dito (m)	finger (m)	['fiŋər]
dito (m) del piede	tå (m/f)	['tɔ]
pollice (m)	tommel (m)	['tɔməl]
mignolo (m)	lillefinger (m)	['liləˌfiŋər]
unghia (f)	negl (m)	['nɛjl]

pugno (m)	knyttneve (m)	['knytˌnevə]
palmo (m)	håndflate (m/f)	['hɔnˌflatə]
polso (m)	håndledd (n)	['hɔnˌled]
avambraccio (m)	underarm (m)	['ʉnərˌarm]
gomito (m)	albue (m)	['alˌbʉə]
spalla (f)	skulder (m)	['skʉldər]

gamba (f)	bein (n)	['bæjn]
pianta (f) del piede	fot (m)	['fʊt]
ginocchio (m)	kne (n)	['knɛ]
polpaccio (m)	legg (m)	['leg]
anca (f)	hofte (m)	['hoftə]
tallone (m)	hæl (m)	['hæl]

corpo (m)	kropp (m)	['krɔp]
pancia (f)	mage (m)	['magə]
petto (m)	bryst (n)	['brʏst]
seno (m)	bryst (n)	['brʏst]
fianco (m)	side (m/f)	['sidə]
schiena (f)	rygg (m)	['rʏg]
zona (f) lombare	korsrygg (m)	['kɔːʂˌrʏg]
vita (f)	liv (n), midje (m/f)	['liv], ['midjə]

ombelico (m)	navle (m)	['navlə]
natiche (f pl)	rumpeballer (m pl)	['rʉmpəˌbalər]
sedere (m)	bak (m)	['bak]

neo (m)	føflekk (m)	['føˌflek]
voglia (f) (~ di fragola)	fødselsmerke (n)	['føtsəlsˌmærke]
tatuaggio (m)	tatovering (m/f)	[tatu'vɛriŋ]
cicatrice (f)	arr (n)	['ar]

Abbigliamento e Accessori

26. Indumenti. Soprabiti

vestiti (m pl)	klær (n)	['klær]
soprabito (m)	yttertøy (n)	['ytəˌtøj]
abiti (m pl) invernali	vinterklær (n pl)	['vintərˌklær]
cappotto (m)	frakk (m), kåpe (m/f)	['frɑk], ['koːpə]
pelliccia (f)	pels (m), pelskåpe (m/f)	['pɛls], ['pɛlsˌkoːpə]
pellicciotto (m)	pelsjakke (m/f)	['pɛlsˌjakə]
piumino (m)	dunjakke (m/f)	['dʉnˌjakə]
giubbotto (m), giaccha (f)	jakke (m/f)	['jakə]
impermeabile (m)	regnfrakk (m)	['ræjnˌfrɑk]
impermeabile (agg)	vanntett	['vɑnˌtɛt]

27. Men's & women's clothing

camicia (f)	skjorte (m/f)	['ʂœːtə]
pantaloni (m pl)	bukse (m)	['bʉksə]
jeans (m pl)	jeans (m)	['dʒins]
giacca (f) (~ di tweed)	dressjakke (m/f)	['drɛsˌjakə]
abito (m) da uomo	dress (m)	['drɛs]
abito (m)	kjole (m)	['çulə]
gonna (f)	skjørt (n)	['ʂøːt]
camicetta (f)	bluse (m)	['blʉsə]
giacca (f) a maglia	strikket trøye (m/f)	['strikə 'trøjə]
giacca (f) tailleur	blazer (m)	['blæsər]
maglietta (f)	T-skjorte (m/f)	['teˌʂœːtə]
pantaloni (m pl) corti	shorts (m)	['ʂɔːts]
tuta (f) sportiva	treningsdrakt (m/f)	['treniŋsˌdrɑkt]
accappatoio (m)	badekåpe (m/f)	['bɑdəˌkoːpə]
pigiama (m)	pyjamas (m)	[py'ʂamɑs]
maglione (m)	sweater (m)	['svɛtər]
pullover (m)	pullover (m)	[pʉ'lovər]
gilè (m)	vest (m)	['vɛst]
frac (m)	livkjole (m)	['livˌçulə]
smoking (m)	smoking (m)	['smɔkiŋ]
uniforme (f)	uniform (m)	[ʉni'fɔrm]
tuta (f) da lavoro	arbeidsklær (n pl)	['ɑrbæjdsˌklær]
salopette (f)	kjeledress, overall (m)	['çeləˌdrɛs], ['overˌɔl]
camice (m) (~ del dottore)	kittel (m)	['çitəl]

28. Abbigliamento. Biancheria intima

biancheria (f) intima	undertøy (n)	['ʉnəˌtøj]
boxer (m pl)	underbukse (m/f)	['ʉnərˌbʉksə]
mutandina (f)	truse (m/f)	['trʉsə]
maglietta (f) intima	undertrøye (m/f)	['ʉnəˌtrøjə]
calzini (m pl)	sokker (m pl)	['sɔkər]

camicia (f) da notte	nattkjole (m)	['natˌçʉlə]
reggiseno (m)	behå (m)	['beˌhɔ]
calzini (m pl) alti	knestrømper (m/f pl)	['knɛˌstrømpər]
collant (m)	strømpebukse (m/f)	['strømpəˌbʉksə]
calze (f pl)	strømper (m/f pl)	['strømpər]
costume (m) da bagno	badedrakt (m/f)	['badəˌdrakt]

29. Copricapo

cappello (m)	hatt (m)	['hat]
cappello (m) di feltro	hatt (m)	['hat]
cappello (m) da baseball	baseball cap (m)	['bɛjsbɔl kɛp]
coppola (f)	sikspens (m)	['sikspens]

basco (m)	alpelue, baskerlue (m/f)	['alpəˌlʉə], ['baskəˌlʉə]
cappuccio (m)	hette (m/f)	['hɛtə]
panama (m)	panamahatt (m)	['panamaˌhat]
berretto (m) a maglia	strikket lue (m/f)	['strikəˌlʉə]

fazzoletto (m) da capo	skaut (n)	['skaʉt]
cappellino (m) donna	hatt (m)	['hat]

casco (m) (~ di sicurezza)	hjelm (m)	['jɛlm]
bustina (f)	båtlue (m/f)	['bɔtˌlʉə]
casco (m) (~ moto)	hjelm (m)	['jɛlm]

bombetta (f)	bowlerhatt, skalk (m)	['bɔʉlerˌhat], ['skalk]
cilindro (m)	flosshatt (m)	['flɔsˌhat]

30. Calzature

calzature (f pl)	skotøy (n)	['skʉtøj]
stivaletti (m pl)	skor (m pl)	['skʉr]
scarpe (f pl)	pumps (m pl)	['pʉmps]
stivali (m pl)	støvler (m pl)	['støvlər]
pantofole (f pl)	tøfler (m pl)	['tøflər]

scarpe (f pl) da tennis	tennissko (m pl)	['tɛnisˌskʉ]
scarpe (f pl) da ginnastica	canvas sko (m pl)	['kanvas ˌskʉ]
sandali (m pl)	sandaler (m pl)	[san'dalər]

calzolaio (m)	skomaker (m)	['skʉˌmakər]
tacco (m)	hæl (m)	['hæl]

paio (m)	par (n)	['pɑr]
laccio (m)	skolisse (m/f)	['skʉˌlisə]
allacciare (vt)	å snøre	[ɔ 'snørə]
calzascarpe (m)	skohorn (n)	['skʉˌhuːɳ]
lucido (m) per le scarpe	skokrem (m)	['skʉˌkrɛm]

31. Accessori personali

guanti (m pl)	hansker (m pl)	['hɑnskər]
manopole (f pl)	votter (m pl)	['vɔtər]
sciarpa (f)	skjerf (n)	['ʂærf]
occhiali (m pl)	briller (m pl)	['brilər]
montatura (f)	innfatning (m/f)	['inˌfɑtniŋ]
ombrello (m)	paraply (m)	[pɑrɑ'ply]
bastone (m)	stokk (m)	['stɔk]
spazzola (f) per capelli	hårbørste (m)	['hɔrˌbœʂtə]
ventaglio (m)	vifte (m/f)	['viftə]
cravatta (f)	slips (n)	['slips]
cravatta (f) a farfalla	sløyfe (m/f)	['ʂløjfə]
bretelle (f pl)	bukseseler (m pl)	['bʉksə'selər]
fazzoletto (m)	lommetørkle (n)	['lʉməˌtœrklə]
pettine (m)	kam (m)	['kɑm]
fermaglio (m)	hårspenne (m/f/n)	['hoːrˌspɛnə]
forcina (f)	hårnål (m/f)	['hoːrˌnol]
fibbia (f)	spenne (m/f/n)	['spɛnə]
cintura (f)	belte (m)	['bɛltə]
spallina (f)	skulderreim, rem (m/f)	['skʉldəˌræjm], ['rem]
borsa (f)	veske (m/f)	['vɛskə]
borsetta (f)	håndveske (m/f)	['hɔnˌvɛskə]
zaino (m)	ryggsekk (m)	['rygˌsɛk]

32. Abbigliamento. Varie

moda (f)	mote (m)	['mʉtə]
di moda	moteriktig	['mʉtəˌrikti]
stilista (m)	moteskaper (m)	['mʉtəˌskɑpər]
collo (m)	krage (m)	['krɑgə]
tasca (f)	lomme (m/f)	['lʉmə]
tascabile (agg)	lomme-	['lʉmə-]
manica (f)	erme (n)	['ærmə]
asola (f) per appendere	hempe (m)	['hɛmpə]
patta (f) (~ dei pantaloni)	gylf, buksesmekk (m)	['gylf], ['bʉksəˌsmɛk]
cerniera (f) lampo	glidelås (m/n)	['glidəˌlɔs]
chiusura (f)	hekte (m/f), knepping (m)	['hɛktə], ['knɛpiŋ]
bottone (m)	knapp (m)	['knɑp]

occhiello (m)	klapphull (n)	['klɑpˌhʉl]
staccarsi (un bottone)	å falle av	[ɔ 'falə ɑ:]
cucire (vi, vt)	å sy	[ɔ 'sy]
ricamare (vi, vt)	å brodere	[ɔ brʉ'derə]
ricamo (m)	broderi (n)	[brʉde'ri]
ago (m)	synål (m/f)	['syˌnɔl]
filo (m)	tråd (m)	['trɔ]
cucitura (f)	søm (m)	['søm]
sporcarsi (vr)	å skitne seg til	[ɔ 'ʂitnə sæj til]
macchia (f)	flekk (m)	['flek]
sgualcirsi (vr)	å bli skrukkete	[ɔ 'bli 'skrʉketə]
strappare (vt)	å rive	[ɔ 'rivə]
tarma (f)	møll (m/n)	['møl]

33. Cura della persona. Cosmetici

dentifricio (m)	tannpasta (m)	['tɑnˌpɑstɑ]
spazzolino (m) da denti	tannbørste (m)	['tɑnˌbœʂtə]
lavarsi i denti	å pusse tennene	[ɔ 'pʉsə 'tɛnənə]
rasoio (m)	høvel (m)	['høvəl]
crema (f) da barba	barberkrem (m)	[bɑr'bɛrˌkrɛm]
rasarsi (vr)	å barbere seg	[ɔ bɑr'berə sæj]
sapone (m)	såpe (m/f)	['so:pə]
shampoo (m)	sjampo (m)	['ʂɑmˌpʉ]
forbici (f pl)	saks (m/f)	['sɑks]
limetta (f)	neglefil (m/f)	['nɛjləˌfil]
tagliaunghie (m)	negleklipper (m)	['nɛjləˌklipər]
pinzette (f pl)	pinsett (m)	[pin'sɛt]
cosmetica (f)	kosmetikk (m)	[kʉsme'tik]
maschera (f) di bellezza	ansiktsmaske (m/f)	['ɑnsiktsˌmɑskə]
manicure (m)	manikyr (m)	[mɑni'kyr]
fare la manicure	å få manikyr	[ɔ 'fɔ mɑni'kyr]
pedicure (m)	pedikyr (m)	[pedi'kyr]
borsa (f) del trucco	sminkeveske (m/f)	['sminkəˌvɛskə]
cipria (f)	pudder (n)	['pʉdər]
portacipria (m)	pudderdåse (m)	['pʉderˌdo:sə]
fard (m)	rouge (m)	['ru:ʂ]
profumo (m)	parfyme (m)	[pɑr'fymə]
acqua (f) da toeletta	eau de toilette (m)	['ɔ: də twɑ'let]
lozione (f)	lotion (m)	['loʉsɛn]
acqua (f) di Colonia	eau de cologne (m)	['ɔ: də kɔ'lɔɲ]
ombretto (m)	øyeskygge (m)	['øjəˌsygə]
eyeliner (m)	eyeliner (m)	['ɑ:jˌlɑjnər]
mascara (m)	maskara (m)	[mɑ'skɑrɑ]
rossetto (m)	leppestift (m)	['lepəˌstift]

smalto (m)	neglelakk (m)	['nɛjləˌlɑk]
lacca (f) per capelli	hårlakk (m)	['hoːrˌlɑk]
deodorante (m)	deodorant (m)	[deudʉ'rɑnt]
crema (f)	krem (m)	['krɛm]
crema (f) per il viso	ansiktskrem (m)	['ɑnsiktsˌkrɛm]
crema (f) per le mani	håndkrem (m)	['hɔnˌkrɛm]
crema (f) antirughe	antirynkekrem (m)	[ɑnti'rʏnkəˌkrɛm]
crema (f) da giorno	dagkrem (m)	['dɑgˌkrɛm]
crema (f) da notte	nattkrem (m)	['nɑtˌkrɛm]
da giorno	dag-	['dɑg-]
da notte	natt-	['nɑt-]
tampone (m)	tampong (m)	[tɑm'pɔŋ]
carta (f) igienica	toalettpapir (n)	[tʊɑ'let pɑ'pir]
fon (m)	hårføner (m)	['hoːrˌfønər]

34. Orologi da polso. Orologio

orologio (m) (~ da polso)	armbåndsur (n)	['ɑrmbɔnsˌʉr]
quadrante (m)	urskive (m/f)	['ʉːˌʂivə]
lancetta (f)	viser (m)	['visər]
braccialetto (m)	armbånd (n)	['ɑrmˌbɔn]
cinturino (m)	rem (m/f)	['rem]
pila (f)	batteri (n)	[bɑtɛ'ri]
essere scarico	å bli utladet	[ɔ 'bli 'ʉtˌlɑdət]
cambiare la pila	å skifte batteriene	[ɔ 'ʂiftə bɑtɛ'riene]
andare avanti	å gå for fort	[ɔ 'gɔ fɔ 'foːt]
andare indietro	å gå for sakte	[ɔ 'gɔ fɔ 'sɑktə]
orologio (m) da muro	veggur (n)	['vɛgˌʉr]
clessidra (f)	timeglass (n)	['timəˌglɑs]
orologio (m) solare	solur (n)	['sʊlˌʉr]
sveglia (f)	vekkerklokka (m/f)	['vɛkərˌklɔkɑ]
orologiaio (m)	urmaker (m)	['ʉrˌmɑkər]
riparare (vt)	å reparere	[ɔ repɑ'rerə]

Cibo. Alimentazione

35. Cibo

carne (f)	kjøtt (n)	['çœt]
pollo (m)	høne (m/f)	['hønə]
pollo (m) novello	kylling (m)	['çyliŋ]
anatra (f)	and (m/f)	['ɑn]
oca (f)	gås (m/f)	['gɔs]
cacciagione (f)	vilt (n)	['vilt]
tacchino (m)	kalkun (m)	[kɑl'kʉn]

maiale (m)	svinekjøtt (n)	['svinə‚çœt]
vitello (m)	kalvekjøtt (n)	['kɑlvə‚çœt]
agnello (m)	fårekjøtt (n)	['foːrə‚çœt]
manzo (m)	oksekjøtt (n)	['ɔksə‚çœt]
coniglio (m)	kanin (m)	[kɑ'nin]

salame (m)	pølse (m/f)	['pølsə]
w?rstel (m)	wienerpølse (m/f)	['vinər‚pølsə]
pancetta (f)	bacon (n)	['bɛjkən]
prosciutto (m)	skinke (m)	['ʂinkə]
prosciutto (m) affumicato	skinke (m)	['ʂinkə]

pâté (m)	pate, paté (m)	[pɑ'te]
fegato (m)	lever (m)	['levər]
carne (f) trita	kjøttfarse (m)	['çœt‚fɑrʂə]
lingua (f)	tunge (m/f)	['tʉŋə]

uovo (m)	egg (n)	['ɛg]
uova (f pl)	egg (n pl)	['ɛg]
albume (m)	eggehvite (m)	['ɛgə‚vitə]
tuorlo (m)	plomme (m/f)	['plʉmə]

pesce (m)	fisk (m)	['fisk]
frutti (m pl) di mare	sjømat (m)	['ʂø‚mɑt]
crostacei (m pl)	krepsdyr (n pl)	['krɛps‚dyr]
caviale (m)	kaviar (m)	['kɑvi‚ɑr]

granchio (m)	krabbe (m)	['krɑbə]
gamberetto (m)	reke (m/f)	['rekə]
ostrica (f)	østers (m)	['østəʂ]
aragosta (f)	langust (m)	[lɑŋ'gʉst]
polpo (m)	blekksprut (m)	['blek‚sprʉt]
calamaro (m)	blekksprut (m)	['blek‚sprʉt]

storione (m)	stør (m)	['stør]
salmone (m)	laks (m)	['lɑks]
ippoglosso (m)	kveite (m/f)	['kvæjtə]
merluzzo (m)	torsk (m)	['tɔʂk]

scombro (m)	makrell (m)	[mɑˈkrɛl]
tonno (m)	tunfisk (m)	[ˈtʉnˌfisk]
anguilla (f)	ål (m)	[ˈɔl]
trota (f)	ørret (m)	[ˈøret]
sardina (f)	sardin (m)	[sɑːˈdin]
luccio (m)	gjedde (m/f)	[ˈjɛdə]
aringa (f)	sild (m/f)	[ˈsil]
pane (m)	brød (n)	[ˈbrø]
formaggio (m)	ost (m)	[ˈʊst]
zucchero (m)	sukker (n)	[ˈsʉkər]
sale (m)	salt (n)	[ˈsɑlt]
riso (m)	ris (m)	[ˈris]
pasta (f)	pasta, makaroni (m)	[ˈpɑstɑ], [mɑkɑˈrʉni]
tagliatelle (f pl)	nudler (m pl)	[ˈnʉdlər]
burro (m)	smør (n)	[ˈsmør]
olio (m) vegetale	vegetabilsk olje (m)	[vegetɑˈbilsk ˌɔljə]
olio (m) di girasole	solsikkeolje (m)	[ˈsʉlsikəˌɔljə]
margarina (f)	margarin (m)	[mɑrgɑˈrin]
olive (f pl)	olivener (m pl)	[ʊˈlivenər]
olio (m) d'oliva	olivenolje (m)	[ʊˈlivənˌɔljə]
latte (m)	melk (m/f)	[ˈmɛlk]
latte (m) condensato	kondensert melk (m/f)	[kʊndənˈseːʈ ˌmɛlk]
yogurt (m)	jogurt (m)	[ˈjɔgʉːt]
panna (f) acida	rømme, syrnet fløte (m)	[ˈrœmə], [ˈsyːɳet ˈfløtə]
panna (f)	fløte (m)	[ˈfløtə]
maionese (m)	majones (m)	[mɑjɔˈnɛs]
crema (f)	krem (m)	[ˈkrɛm]
cereali (m pl)	gryn (n)	[ˈgryn]
farina (f)	mel (n)	[ˈmel]
cibi (m pl) in scatola	hermetikk (m)	[hɛrmeˈtik]
fiocchi (m pl) di mais	cornflakes (m)	[ˈkɔːɳˌflejks]
miele (m)	honning (m)	[ˈhɔniŋ]
marmellata (f)	syltetøy (n)	[ˈsyltəˌtøj]
gomma (f) da masticare	tyggegummi (m)	[ˈtygəˌgʉmi]

36. Bevande

acqua (f)	vann (n)	[ˈvɑn]
acqua (f) potabile	drikkevann (n)	[ˈdrikəˌvɑn]
acqua (f) minerale	mineralvann (n)	[minəˈrɑlˌvɑn]
liscia (non gassata)	uten kullsyre	[ˈʉtən kʉlˈsyrə]
gassata (agg)	kullsyret	[kʉlˈsyrət]
frizzante (agg)	med kullsyre	[me kʉlˈsyrə]
ghiaccio (m)	is (m)	[ˈis]

con ghiaccio	med is	[me 'is]
analcolico (agg)	alkoholfri	['alkʊhʊlˌfri]
bevanda (f) analcolica	alkoholfri drikk (m)	['alkʊhʊlˌfri drik]
bibita (f)	leskedrikk (m)	['leskəˌdrik]
limonata (f)	limonade (m)	[limɔ'nadə]
bevande (f pl) alcoliche	rusdrikker (m pl)	['rʉsˌdrikər]
vino (m)	vin (m)	['vin]
vino (m) bianco	hvitvin (m)	['vitˌvin]
vino (m) rosso	rødvin (m)	['røˌvin]
liquore (m)	likør (m)	[li'kør]
champagne (m)	champagne (m)	[ʂam'panjə]
vermouth (m)	vermut (m)	['værmʉt]
whisky	whisky (m)	['viski]
vodka (f)	vodka (m)	['vɔdka]
gin (m)	gin (m)	['dʒin]
cognac (m)	konjakk (m)	['kʊnjak]
rum (m)	rom (m)	['rʊm]
caffè (m)	kaffe (m)	['kafə]
caffè (m) nero	svart kaffe (m)	['svaːʈ 'kafə]
caffè latte (m)	kaffe (m) med melk	['kafə me 'mɛlk]
cappuccino (m)	cappuccino (m)	[kapʊ'tʃinɔ]
caffè (m) solubile	pulverkaffe (m)	['pʉlvərˌkafə]
latte (m)	melk (m/f)	['mɛlk]
cocktail (m)	cocktail (m)	['kɔkˌtɛjl]
frullato (m)	milkshake (m)	['milkˌsɛjk]
succo (m)	jus, juice (m)	['dʒʉs]
succo (m) di pomodoro	tomatjuice (m)	[tʊ'matˌdʒʉs]
succo (m) d'arancia	appelsinjuice (m)	[apel'sinˌdʒʉs]
spremuta (f)	nypresset juice (m)	['nyˌprɛsə 'dʒʉs]
birra (f)	øl (m/n)	['øl]
birra (f) chiara	lettøl (n)	['letˌøl]
birra (f) scura	mørkt øl (n)	['mœrktˌøl]
tè (m)	te (m)	['te]
tè (m) nero	svart te (m)	['svaːʈ ˌte]
tè (m) verde	grønn te (m)	['grœn ˌte]

37. Verdure

ortaggi (m pl)	grønnsaker (m pl)	['grœnˌsakər]
verdura (f)	grønnsaker (m pl)	['grœnˌsakər]
pomodoro (m)	tomat (m)	[tʊ'mat]
cetriolo (m)	agurk (m)	[a'gʉrk]
carota (f)	gulrot (m/f)	['gʉlˌrʊt]
patata (f)	potet (m/f)	[pʊ'tet]
cipolla (f)	løk (m)	['løk]

aglio (m)	hvitløk (m)	['vitˌløk]
cavolo (m)	kål (m)	['kɔl]
cavolfiore (m)	blomkål (m)	['blɔmˌkɔl]
cavoletti (m pl) di Bruxelles	rosenkål (m)	['rʉsənˌkɔl]
broccolo (m)	brokkoli (m)	['brɔkɔli]
barbabietola (f)	rødbete (m/f)	['røˌbetə]
melanzana (f)	aubergine (m)	[ɔbɛr'ʂin]
zucchina (f)	squash (m)	['skvɔʂ]
zucca (f)	gresskar (n)	['grɛskɑr]
rapa (f)	nepe (m/f)	['nepə]
prezzemolo (m)	persille (m/f)	[pæ'ʂilə]
aneto (m)	dill (m)	['dil]
lattuga (f)	salat (m)	[sɑ'lɑt]
sedano (m)	selleri (m/n)	[sɛleˌri]
asparago (m)	asparges (m)	[ɑ'spɑrʂəs]
spinaci (m pl)	spinat (m)	[spi'nɑt]
pisello (m)	erter (m pl)	['æːtər]
fave (f pl)	bønner (m/f pl)	['bœnər]
mais (m)	mais (m)	['mɑis]
fagiolo (m)	bønne (m/f)	['bœnə]
peperone (m)	pepper (m)	['pɛpər]
ravanello (m)	reddik (m)	['rɛdik]
carciofo (m)	artisjokk (m)	[ˌɑːʈi'ʂɔk]

38. Frutta. Noci

frutto (m)	frukt (m/f)	['frʉkt]
mela (f)	eple (n)	['ɛplə]
pera (f)	pære (m/f)	['pærə]
limone (m)	sitron (m)	[si'trʉn]
arancia (f)	appelsin (m)	[ɑpel'sin]
fragola (f)	jordbær (n)	['juːrˌbær]
mandarino (m)	mandarin (m)	[mɑndɑ'rin]
prugna (f)	plomme (m/f)	['plʉmə]
pesca (f)	fersken (m)	['fæʂkən]
albicocca (f)	aprikos (m)	[ɑpri'kʉs]
lampone (m)	bringebær (n)	['briŋəˌbær]
ananas (m)	ananas (m)	['ɑnɑnɑs]
banana (f)	banan (m)	[bɑ'nɑn]
anguria (f)	vannmelon (m)	['vɑnmeˌlʉn]
uva (f)	drue (m)	['drʉə]
amarena (f)	kirsebær (n)	['çiʂəˌbær]
ciliegia (f)	morell (m)	[mʉ'rɛl]
melone (m)	melon (m)	[me'lʉn]
pompelmo (m)	grapefrukt (m/f)	['grɛjpˌfrʉkt]
avocado (m)	avokado (m)	[ɑvɔ'kɑdɔ]
papaia (f)	papaya (m)	[pɑ'pɑjɑ]

| mango (m) | mango (m) | ['maŋu] |
| melagrana (f) | granateple (n) | [gra'nɑt̪ɛplə] |

ribes (m) rosso	rips (m)	['rips]
ribes (m) nero	solbær (n)	['sʊl̪bær]
uva (f) spina	stikkelsbær (n)	['stikəls̪bær]
mirtillo (m)	blåbær (n)	['blɔ̪bær]
mora (f)	bjørnebær (m)	['bjœːɳə̪bær]

uvetta (f)	rosin (m)	[rʊ'sin]
fico (m)	fiken (m)	['fikən]
dattero (m)	daddel (m)	['dɑdəl]

arachide (f)	jordnøtt (m)	['juːr̪nœt]
mandorla (f)	mandel (m)	['mɑndəl]
noce (f)	valnøtt (m/f)	['vɑl̪nœt]
nocciola (f)	hasselnøtt (m/f)	['hɑsəl̪nœt]
noce (f) di cocco	kokosnøtt (m/f)	['kʊkʊs̪nœt]
pistacchi (m pl)	pistasier (m pl)	[pi'stɑşiər]

39. Pane. Dolci

pasticceria (f)	bakevarer (m/f pl)	['bɑkə̪vɑrər]
pane (m)	brød (n)	['brø]
biscotti (m pl)	kjeks (m)	['çɛks]

cioccolato (m)	sjokolade (m)	[şʊkʊ'lɑdə]
al cioccolato (agg)	sjokolade-	[şʊkʊ'lɑdə-]
caramella (f)	sukkertøy (n), karamell (m)	['sʉkəːtøj], [kɑrɑ'mɛl]
tortina (f)	kake (m/f)	['kɑkə]
torta (f)	bløtkake (m/f)	['bløt̪kɑkə]

| crostata (f) | pai (m) | ['pɑj] |
| ripieno (m) | fyll (m/n) | ['fʏl] |

marmellata (f)	syltetøy (n)	['syltə̪tøj]
marmellata (f) di agrumi	marmelade (m)	[mɑrme'lɑdə]
wafer (m)	vaffel (m)	['vɑfəl]
gelato (m)	iskrem (m)	['iskrɛm]
budino (m)	pudding (m)	['pʉdiŋ]

40. Pietanze cucinate

piatto (m) (~ principale)	rett (m)	['rɛt]
cucina (f)	kjøkken (n)	['çœkən]
ricetta (f)	oppskrift (m)	['ɔp̪skrift]
porzione (f)	porsjon (m)	[pɔ'şʊn]

insalata (f)	salat (m)	[sɑ'lɑt]
minestra (f)	suppe (m/f)	['sʉpə]
brodo (m)	buljong (m)	[bu'ljɔŋ]
panino (m)	smørbrød (n)	['smør̪brø]

uova (f pl) al tegamino	speilegg (n)	['spæjl,ɛg]
hamburger (m)	hamburger (m)	['hambʊrgər]
bistecca (f)	biff (m)	['bif]
contorno (m)	tilbehør (n)	['tilbə,hør]
spaghetti (m pl)	spagetti (m)	[spɑ'gɛti]
purè (m) di patate	potetmos (m)	[pʊ'tet,mʊs]
pizza (f)	pizza (m)	['pitsɑ]
porridge (m)	grøt (m)	['grøt]
frittata (f)	omelett (m)	[ɔmə'let]
bollito (agg)	kokt	['kʊkt]
affumicato (agg)	røkt	['røkt]
fritto (agg)	stekt	['stɛkt]
secco (agg)	tørket	['tœrkət]
congelato (agg)	frossen, dypfryst	['frɔsən], ['dyp,frʏst]
sottoaceto (agg)	syltet	['sʏltət]
dolce (gusto)	søt	['søt]
salato (agg)	salt	['sɑlt]
freddo (agg)	kald	['kɑl]
caldo (agg)	het, varm	['het], ['vɑrm]
amaro (agg)	bitter	['bitər]
buono, gustoso (agg)	lekker	['lekər]
cuocere, preparare (vt)	å koke	[ɔ 'kʊkə]
cucinare (vi)	å lage	[ɔ 'lɑgə]
friggere (vt)	å steke	[ɔ 'stekə]
riscaldare (vt)	å varme opp	[ɔ 'vɑrmə ɔp]
salare (vt)	å salte	[ɔ 'sɑltə]
pepare (vt)	å pepre	[ɔ 'pɛprə]
grattugiare (vt)	å rive	[ɔ 'rivə]
buccia (f)	skall (n)	['skɑl]
sbucciare (vt)	å skrelle	[ɔ 'skrɛlə]

41. Spezie

sale (m)	salt (n)	['sɑlt]
salato (agg)	salt	['sɑlt]
salare (vt)	å salte	[ɔ 'sɑltə]
pepe (m) nero	svart pepper (m)	['svɑːʈ 'pɛpər]
peperoncino (m)	rød pepper (m)	['rø 'pɛpər]
senape (f)	sennep (m)	['sɛnəp]
cren (m)	pepperrot (m/f)	['pɛpər,rʊt]
condimento (m)	krydder (n)	['krʏdər]
spezie (f pl)	krydder (n)	['krʏdər]
salsa (f)	saus (m)	['sɑʊs]
aceto (m)	eddik (m)	['ɛdik]
anice (m)	anis (m)	['ɑnis]
basilico (m)	basilik (m)	[bɑsi'lik]

chiodi (m pl) di garofano	nellik (m)	['nɛlik]
zenzero (m)	ingefær (m)	['inəˌfær]
coriandolo (m)	koriander (m)	[kʉri'andər]
cannella (f)	kanel (m)	[ka'nel]
sesamo (m)	sesam (m)	['sesam]
alloro (m)	laurbærblad (n)	['laʉrbærˌbla]
paprica (f)	paprika (m)	['paprika]
cumino (m)	karve, kummin (m)	['karvə], ['kʉmin]
zafferano (m)	safran (m)	[sa'fran]

42. Pasti

cibo (m)	mat (m)	['mat]
mangiare (vi, vt)	å spise	[ɔ 'spisə]
colazione (f)	frokost (m)	['frʉkɔst]
fare colazione	å spise frokost	[ɔ 'spisə ˌfrʉkɔst]
pranzo (m)	lunsj, lunch (m)	['lʉnʂ]
pranzare (vi)	å spise lunsj	[ɔ 'spisə ˌlʉnʂ]
cena (f)	middag (m)	['miˌda]
cenare (vi)	å spise middag	[ɔ 'spisə 'miˌda]
appetito (m)	appetitt (m)	[ape'tit]
Buon appetito!	God appetitt!	['gʉ ape'tit]
aprire (vt)	å åpne	[ɔ 'ɔpnə]
rovesciare (~ il vino, ecc.)	å spille	[ɔ 'spilə]
rovesciarsi (vr)	å bli spilt	[ɔ 'bli 'spilt]
bollire (vi)	å koke	[ɔ 'kʉkə]
far bollire	å koke	[ɔ 'kʉkə]
bollito (agg)	kokt	['kʉkt]
raffreddare (vt)	å svalne	[ɔ 'svalnə]
raffreddarsi (vr)	å avkjøles	[ɔ 'avˌçœləs]
gusto (m)	smak (m)	['smak]
retrogusto (m)	bismak (m)	['bismak]
essere a dieta	å være på diet	[ɔ 'værə pɔ di'et]
dieta (f)	diett (m)	[di'et]
vitamina (f)	vitamin (n)	[vita'min]
caloria (f)	kalori (m)	[kalʉ'ri]
vegetariano (m)	vegetarianer (m)	[vegetari'anər]
vegetariano (agg)	vegetarisk	[vege'tarisk]
grassi (m pl)	fett (n)	['fɛt]
proteine (f pl)	proteiner (n pl)	[prote'inər]
carboidrati (m pl)	kullhydrater (n pl)	['kʉlhyˌdratər]
fetta (f), fettina (f)	skive (m/f)	['ʂivə]
pezzo (m) (~ di torta)	stykke (n)	['stʏkə]
briciola (f) (~ di pane)	smule (m)	['smʉlə]

43. Preparazione della tavola

cucchiaio (m)	skje (m)	['ʂe]
coltello (m)	kniv (m)	['kniv]
forchetta (f)	gaffel (m)	['gafəl]
tazza (f)	kopp (m)	['kɔp]
piatto (m)	tallerken (m)	[tɑ'lærkən]
piattino (m)	tefat (n)	['te‚fɑt]
tovagliolo (m)	serviett (m)	[sɛrvi'ɛt]
stuzzicadenti (m)	tannpirker (m)	['tɑn‚pirkər]

44. Ristorante

ristorante (m)	restaurant (m)	[rɛstu'rɑŋ]
caffè (m)	kafé, kaffebar (m)	[kɑ'fe], ['kɑfə‚bɑr]
pub (m), bar (m)	bar (m)	['bɑr]
sala (f) da tè	tesalong (m)	['tesɑ‚lɔŋ]
cameriere (m)	servitør (m)	['særvi'tør]
cameriera (f)	servitrise (m/f)	[særvi'trisə]
barista (m)	bartender (m)	['bɑːˌtɛndər]
menù (m)	meny (m)	[me'ny]
lista (f) dei vini	vinkart (n)	['vin‚kɑːt]
prenotare un tavolo	å reservere bord	[ɔ resɛr'verə 'bʊr]
piatto (m)	rett (m)	['rɛt]
ordinare (~ il pranzo)	å bestille	[ɔ be'stilə]
fare un'ordinazione	å bestille	[ɔ be'stilə]
aperitivo (m)	aperitiff (m)	[ɑperi'tif]
antipasto (m)	forrett (m)	['fɔrɛt]
dolce (m)	dessert (m)	[de'sɛːr]
conto (m)	regning (m/f)	['rɛjniŋ]
pagare il conto	å betale regningen	[ɔ be'tɑlə 'rɛjniŋən]
dare il resto	å gi tilbake veksel	[ɔ ji til'bɑkə 'vɛksəl]
mancia (f)	driks (m)	['driks]

Famiglia, parenti e amici

45. Informazioni personali. Moduli

nome (m)	navn (n)	['navn]
cognome (m)	etternavn (n)	['ɛtəˌnavn]
data (f) di nascita	fødselsdato (m)	['føtsəlsˌdatʉ]
luogo (m) di nascita	fødested (n)	['følˌsted]
nazionalità (f)	nasjonalitet (m)	[naʂʉnali'tet]
domicilio (m)	bosted (n)	['buˌsted]
paese (m)	land (n)	['lan]
professione (f)	yrke (n), profesjon (m)	['yrkə], [prʉfe'ʂʉn]
sesso (m)	kjønn (n)	['çœn]
statura (f)	høyde (m)	['højdə]
peso (m)	vekt (m)	['vɛkt]

46. Membri della famiglia. Parenti

madre (f)	mor (m/f)	['mʉr]
padre (m)	far (m)	['far]
figlio (m)	sønn (m)	['sœn]
figlia (f)	datter (m/f)	['datər]
figlia (f) minore	yngste datter (m/f)	['yŋstə 'datər]
figlio (m) minore	yngste sønn (m)	['yŋstə 'sœn]
figlia (f) maggiore	eldste datter (m/f)	['ɛlstə 'datər]
figlio (m) maggiore	eldste sønn (m)	['ɛlstə 'sœn]
fratello (m)	bror (m)	['brʉr]
fratello (m) maggiore	eldre bror (m)	['ɛldrəˌbrʉr]
fratello (m) minore	lillebror (m)	['liləˌbrʉr]
sorella (f)	søster (m/f)	['søstər]
sorella (f) maggiore	eldre søster (m/f)	['ɛldrəˌsøstər]
sorella (f) minore	lillesøster (m/f)	['liləˌsøstər]
cugino (m)	fetter (m/f)	['fɛtər]
cugina (f)	kusine (m)	[kʉ'sinə]
mamma (f)	mamma (m)	['mama]
papà (m)	pappa (m)	['papa]
genitori (m pl)	foreldre (pl)	[for'ɛldrə]
bambino (m)	barn (n)	['baːɳ]
bambini (m pl)	barn (n pl)	['baːɳ]
nonna (f)	bestemor (m)	['bɛstəˌmʉr]
nonno (m)	bestefar (m)	['bɛstəˌfar]
nipote (m) (figlio di un figlio)	barnebarn (n)	['baːɳəˌbaːɳ]

nipote (f)	barnebarn (n)	['bɑːnəˌbɑːŋ]
nipoti (pl)	barnebarn (n pl)	['bɑːnəˌbɑːŋ]

zio (m)	onkel (m)	['ʊnkəl]
zia (f)	tante (m/f)	['tantə]
nipote (m) (figlio di un fratello)	nevø (m)	[ne'vø]
nipote (f)	niese (m/f)	[ni'esə]

suocera (f)	svigermor (m/f)	['sviɡərˌmʊr]
suocero (m)	svigerfar (m)	['sviɡərˌfar]
genero (m)	svigersønn (m)	['sviɡərˌsœn]
matrigna (f)	stemor (m/f)	['steˌmʊr]
patrigno (m)	stefar (m)	['steˌfar]

neonato (m)	brystbarn (n)	['brʏstˌbɑːŋ]
infante (m)	spedbarn (n)	['speˌbɑːŋ]
bimbo (m), ragazzino (m)	lite barn (n)	['litə 'bɑːŋ]

moglie (f)	kone (m/f)	['kʊnə]
marito (m)	mann (m)	['man]
coniuge (m)	ektemann (m)	['ɛktəˌman]
coniuge (f)	hustru (m)	['hʊstrʉ]

sposato (agg)	gift	['jift]
sposata (agg)	gift	['jift]
celibe (agg)	ugift	[ʉːˈjift]
scapolo (m)	ungkar (m)	['ʉŋˌkar]
divorziato (agg)	fraskilt	['fraˌsilt]
vedova (f)	enke (m)	['ɛnkə]
vedovo (m)	enkemann (m)	['ɛnkəˌman]

parente (m)	slektning (m)	['ʂlektniŋ]
parente (m) stretto	nær slektning (m)	['nær 'slektniŋ]
parente (m) lontano	fjern slektning (m)	['fjæːɳ 'slektniŋ]
parenti (m pl)	slektninger (m pl)	['ʂlektniŋər]

orfano (m), orfana (f)	foreldreløst barn (n)	[fɔr'ɛldrəløst ˌbɑːŋ]
tutore (m)	formynder (m)	['fɔrˌmʏnər]
adottare (~ un bambino)	å adoptere	[ɔ adɔp'terə]
adottare (~ una bambina)	å adoptere	[ɔ adɔp'terə]

Medicinali

47. Malattie

malattia (f)	sykdom (m)	['sʏk‚dɔm]
essere malato	å være syk	[ɔ 'væərə 'syk]
salute (f)	helse (m/f)	['hɛlsə]
raffreddore (m)	snue (m)	['snʉə]
tonsillite (f)	angina (m)	[an'gina]
raffreddore (m)	forkjølelse (m)	[fɔr'çœləlsə]
raffreddarsi (vr)	å forkjøle seg	[ɔ fɔr'çœlə sæj]
bronchite (f)	bronkitt (m)	[brɔn'kit]
polmonite (f)	lungebetennelse (m)	['lʉŋə be'tɛnəlsə]
influenza (f)	influensa (m)	[inflʉ'ɛnsa]
miope (agg)	nærsynt	['næ‚sʏnt]
presbite (agg)	langsynt	['laŋsʏnt]
strabismo (m)	skjeløydhet (m)	['ʂɛløjd‚het]
strabico (agg)	skjeløyd	['ʂɛl‚øjd]
cateratta (f)	grå stær, katarakt (m)	['grɔ ‚stær], [kata'rakt]
glaucoma (m)	glaukom (n)	[glaʊ'kɔm]
ictus (m) cerebrale	hjerneslag (n)	['jæːnə‚slag]
attacco (m) di cuore	infarkt (n)	[in'farkt]
infarto (m) miocardico	myokardieinfarkt (n)	['miɔ'kardiə in'farkt]
paralisi (f)	paralyse, lammelse (m)	['para'lyse], ['lamǝlsə]
paralizzare (vt)	å lamme	[ɔ 'lamə]
allergia (f)	allergi (m)	[alæː'gi]
asma (f)	astma (m)	['astma]
diabete (m)	diabetes (m)	[dia'betəs]
mal (m) di denti	tannpine (m/f)	['tan‚pinə]
carie (f)	karies (m)	['karies]
diarrea (f)	diaré (m)	[dia'rɛ]
stitichezza (f)	forstoppelse (m)	[fɔ'ʂtɔpəlsə]
disturbo (m) gastrico	magebesvær (m)	['magə‚be'svær]
intossicazione (f) alimentare	matforgiftning (m/f)	['mat‚fɔr'jiftniŋ]
intossicarsi (vr)	å få matforgiftning	[ɔ 'fɔ mat‚fɔr'jiftniŋ]
artrite (f)	artritt (m)	[aːʈ'rit]
rachitide (f)	rakitt (m)	[ra'kit]
reumatismo (m)	revmatisme (m)	[revma'tismə]
aterosclerosi (f)	arteriosklerose (m)	[aː'ʈeriʊskle‚rʊsə]
gastrite (f)	magekatarr, gastritt (m)	['magəka‚tar], [‚ga'strit]
appendicite (f)	appendisitt (m)	[apɛndi'sit]

colecistite (f)	galleblærebetennelse (m)	['galə‚blæːrə be'tɛnəlsə]
ulcera (f)	magesår (n)	['maɡə‚sɔr]
morbillo (m)	meslinger (m pl)	['mɛs‚liŋər]
rosolia (f)	røde hunder (m pl)	['rødə 'hʉnər]
itterizia (f)	gulsott (m/f)	['ɡʉl‚sʊt]
epatite (f)	hepatitt (m)	[hepa'tit]
schizofrenia (f)	schizofreni (m)	[ʂisʉfre'ni]
rabbia (f)	rabies (m)	['rabiəs]
nevrosi (f)	nevrose (m)	[nev'rʉsə]
commozione (f) cerebrale	hjernerystelse (m)	['jæːɳə‚rʏstəlsə]
cancro (m)	kreft, cancer (m)	['krɛft], ['kansər]
sclerosi (f)	sklerose (m)	[skle'rʉsə]
sclerosi (f) multipla	multippel sklerose (m)	[mʉl'tipəl skle'rʉsə]
alcolismo (m)	alkoholisme (m)	[alkʊhʊ'lismə]
alcolizzato (m)	alkoholiker (m)	[alkʊ'hʊlikər]
sifilide (f)	syfilis (m)	['syfilis]
AIDS (m)	AIDS, aids (m)	['ɛjds]
tumore (m)	svulst, tumor (m)	['svʉlst], [tʉ'mʊr]
maligno (agg)	ondartet, malign	['ʊn‚aːtət], [ma'liɡn]
benigno (agg)	godartet	['ɡʊ‚aːtət]
febbre (f)	feber (m)	['febər]
malaria (f)	malaria (m)	[ma'laria]
cancrena (f)	koldbrann (m)	['kɔlbran]
mal (m) di mare	sjøsyke (m)	['ʂø‚sykə]
epilessia (f)	epilepsi (m)	[ɛpilep'si]
epidemia (f)	epidemi (m)	[ɛpide'mi]
tifo (m)	tyfus (m)	['tyfʉs]
tubercolosi (f)	tuberkulose (m)	[tubærkʉ'lʊsə]
colera (m)	kolera (m)	['kʊlera]
peste (f)	pest (m)	['pɛst]

48. Sintomi. Cure. Parte 1

sintomo (m)	symptom (n)	[sʏmp'tʊm]
temperatura (f)	temperatur (m)	[tɛmpəra'tʉr]
febbre (f) alta	høy temperatur (m)	['høj tɛmpəra'tʉr]
polso (m)	puls (m)	['pʉls]
capogiro (m)	svimmelhet (m)	['svimǝl‚het]
caldo (agg)	varm	['varm]
brivido (m)	skjelving (m/f)	['ʂɛlviŋ]
pallido (un viso ~)	blek	['blek]
tosse (f)	hoste (m)	['hʊstə]
tossire (vi)	å hoste	[ɔ 'hʊstə]
starnutire (vi)	å nyse	[ɔ 'nysə]
svenimento (m)	besvimelse (m)	[bɛ'svimǝlsə]

svenire (vi)	å besvime	[ɔ be'svimə]
livido (m)	blåmerke (n)	['blɔˌmærkə]
bernoccolo (m)	bule (m)	['bʉlə]
farsi un livido	å slå seg	[ɔ 'ʂlɔ sæj]
contusione (f)	blåmerke (n)	['blɔˌmærkə]
farsi male	å slå seg	[ɔ 'ʂlɔ sæj]
zoppicare (vi)	å halte	[ɔ 'haltə]
slogatura (f)	forvridning (m)	[fɔr'vridniŋ]
slogarsi (vr)	å forvri	[ɔ fɔr'vri]
frattura (f)	brudd (n), fraktur (m)	['brʉd], [frɑk'tʉr]
fratturarsi (vr)	å få brudd	[ɔ 'fɔ 'brʉd]
taglio (m)	skjæresår (n)	['ʂæːrəˌsɔr]
tagliarsi (vr)	å skjære seg	[ɔ 'ʂæːrə sæj]
emorragia (f)	blødning (m/f)	['blødniŋ]
scottatura (f)	brannsår (n)	['brɑnˌsɔr]
scottarsi (vr)	å brenne seg	[ɔ 'brɛnə sæj]
pungere (vt)	å stikke	[ɔ 'stikə]
pungersi (vr)	å stikke seg	[ɔ 'stikə sæj]
ferire (vt)	å skade	[ɔ 'skɑdə]
ferita (f)	skade (n)	['skɑdə]
lesione (f)	sår (n)	['sɔr]
trauma (m)	traume (m)	['trɑʉmə]
delirare (vi)	å snakke i villelse	[ɔ 'snɑkə i 'viləlsə]
tartagliare (vi)	å stamme	[ɔ 'stɑmə]
colpo (m) di sole	solstikk (n)	['sʉlˌstik]

49. Sintomi. Cure. Parte 2

dolore (m), male (m)	smerte (m)	['smæːʈə]
scheggia (f)	flis (m/f)	['flis]
sudore (m)	svette (m)	['svɛtə]
sudare (vi)	å svette	[ɔ 'svɛtə]
vomito (m)	oppkast (n)	['ɔpˌkɑst]
convulsioni (f pl)	kramper (m pl)	['krɑmpər]
incinta (agg)	gravid	[grɑ'vid]
nascere (vi)	å fødes	[ɔ 'fødə]
parto (m)	fødsel (m)	['føtsəl]
essere in travaglio di parto	å føde	[ɔ 'fødə]
aborto (m)	abort (m)	[ɑ'bɔːʈ]
respirazione (f)	åndedrett (n)	['ɔŋdəˌdrɛt]
inspirazione (f)	innånding (m/f)	['inˌɔniŋ]
espirazione (f)	utånding (m/f)	['ʉtˌɔndiŋ]
espirare (vi)	å puste ut	[ɔ 'pʉstə ʉt]
inspirare (vi)	å ånde inn	[ɔ 'ɔŋdə ˌin]
invalido (m)	handikappet person (m)	['hɑndiˌkɑpət pæ'ʂʉn]
storpio (m)	krøpling (m)	['krøpliŋ]

drogato (m)	narkoman (m)	[nɑrkʉˈmɑn]
sordo (agg)	døv	[ˈdøv]
muto (agg)	stum	[ˈstʉm]
sordomuto (agg)	døvstum	[ˈdøfˌstʉm]
matto (agg)	gal	[ˈgɑl]
matto (m)	gal mann (m)	[ˈgɑlˌmɑn]
matta (f)	gal kvinne (m/f)	[ˈgɑlˌkvinə]
impazzire (vi)	å bli sinnssyk	[ɔ ˈbli ˈsinˌsyk]
gene (m)	gen (m)	[ˈgen]
immunità (f)	immunitet (m)	[imʉniˈtet]
ereditario (agg)	arvelig	[ˈɑrvəli]
innato (agg)	medfødt	[ˈmeːˌføt]
virus (m)	virus (m)	[ˈvirʉs]
microbo (m)	mikrobe (m)	[miˈkrʉbə]
batterio (m)	bakterie (m)	[bɑkˈteriə]
infezione (f)	infeksjon (m)	[infɛkˈʂʉn]

50. Sintomi. Cure. Parte 3

ospedale (m)	sykehus (n)	[ˈsykəˌhʉs]
paziente (m)	pasient (m)	[pɑsiˈɛnt]
diagnosi (f)	diagnose (m)	[diɑˈgnʉsə]
cura (f)	kur (m)	[ˈkʉr]
trattamento (m)	behandling (m/f)	[beˈhɑndliŋ]
curarsi (vr)	å bli behandlet	[ɔ ˈbli beˈhɑndlət]
curare (vt)	å behandle	[ɔ beˈhɑndlə]
accudire (un malato)	å skjøtte	[ɔ ˈʂøtə]
assistenza (f)	sykepleie (m/f)	[ˈsykəˌplæjə]
operazione (f)	operasjon (m)	[ɔpərɑˈʂʉn]
bendare (vt)	å forbinde	[ɔ fɔrˈbinə]
fasciatura (f)	forbinding (m)	[fɔrˈbiniŋ]
vaccinazione (f)	vaksinering (m/f)	[vɑksiˈneriŋ]
vaccinare (vt)	å vaksinere	[ɔ vɑksiˈnerə]
iniezione (f)	injeksjon (m), sprøyte (m/f)	[injɛkˈʂʉn], [ˈsprøjtə]
fare una puntura	å gi en sprøyte	[ɔ ˈji en ˈsprøjtə]
attacco (m) (~ epilettico)	anfall (n)	[ˈɑnˌfɑl]
amputazione (f)	amputasjon (m)	[ɑmpʉtɑˈʂʉn]
amputare (vt)	å amputere	[ɔ ɑmpʉˈterə]
coma (m)	koma (m)	[ˈkʉmɑ]
essere in coma	å ligge i koma	[ɔ ˈligə i ˈkʉmɑ]
rianimazione (f)	intensivavdeling (m/f)	[ˈintenˌsiv ˈɑvˌdeliŋ]
guarire (vi)	å bli frisk	[ɔ ˈbli ˈfrisk]
stato (f) (del paziente)	tilstand (m)	[ˈtilˌstɑn]
conoscenza (f)	bevissthet (m)	[beˈvistˌhet]
memoria (f)	minne (n), hukommelse (m)	[ˈminə], [hʉˈkɔməlsə]
estrarre (~ un dente)	å trekke ut	[ɔ ˈtrɛkə ʉt]

| otturazione (f) | fylling (m/f) | ['fʏlɪŋ] |
| otturare (vt) | å plombere | [ɔ plʊm'berə] |

| ipnosi (f) | hypnose (m) | [hʏp'nʊsə] |
| ipnotizzare (vt) | å hypnotisere | [ɔ hʏpnʊti'serə] |

51. Medici

medico (m)	lege (m)	['legə]
infermiera (f)	sykepleierske (m/f)	['sykə‚plæjęşkə]
medico (m) personale	personlig lege (m)	[pæ'şʉnli 'legə]

dentista (m)	tannlege (m)	['tɑn‚legə]
oculista (m)	øyelege (m)	['øjə‚legə]
internista (m)	terapeut (m)	[terɑ'pɛʉt]
chirurgo (m)	kirurg (m)	[çi'rʉrg]

psichiatra (m)	psykiater (m)	[syki'ɑtər]
pediatra (m)	barnelege (m)	['bɑːɳə‚legə]
psicologo (m)	psykolog (m)	[sykʊ'lɔg]
ginecologo (m)	gynekolog (m)	[gynekʊ'lɔg]
cardiologo (m)	kardiolog (m)	[kɑːdjʉ'lɔg]

52. Medicinali. Farmaci. Accessori

medicina (f)	medisin (m)	[medi'sin]
rimedio (m)	middel (n)	['midəl]
prescrivere (vt)	å ordinere	[ɔ ɔrdi'nerə]
prescrizione (f)	resept (m)	[re'sɛpt]

compressa (f)	tablett (m)	[tɑb'let]
unguento (m)	salve (m/f)	['sɑlvə]
fiala (f)	ampulle (m)	[ɑm'pʉlə]
pozione (f)	mikstur (m)	[miks'tʉr]
sciroppo (m)	sirup (m)	['sirʉp]
pillola (f)	pille (m/f)	['pilə]
polverina (f)	pulver (n)	['pʉlvər]

benda (f)	gasbind (n)	['gɑs‚bin]
ovatta (f)	vatt (m/n)	['vɑt]
iodio (m)	jod (m/n)	['ʉd]

cerotto (m)	plaster (n)	['plɑstər]
contagocce (m)	pipette (m)	[pi'pɛtə]
termometro (m)	termometer (n)	[tɛrmʊ'metər]
siringa (f)	sprøyte (m/f)	['sprøjtə]

| sedia (f) a rotelle | rullestol (m) | ['rʉlə‚stʊl] |
| stampelle (f pl) | krykker (m/f pl) | ['krʏkər] |

| analgesico (m) | smertestillende middel (n) | ['smæːʈə‚stilenə 'midəl] |
| lassativo (m) | laksativ (n) | [lɑksɑ'tiv] |

alcol (m)	**sprit** (m)	['sprit]
erba (f) officinale	**legeurter** (m/f pl)	['legəˌʉːtər]
d'erbe (infuso ~)	**urte-**	['ʉːtə-]

HABITAT UMANO

Città

53. Città. Vita di città

città (f)	by (m)	['by]
capitale (f)	hovedstad (m)	['hʊvəd‚stad]
villaggio (m)	landsby (m)	['lans‚by]
mappa (f) della città	bykart (n)	['by‚kaːt]
centro (m) della città	sentrum (n)	['sɛntrum]
sobborgo (m)	forstad (m)	['fɔ‚stad]
suburbano (agg)	forstads-	['fɔ‚stads-]
periferia (f)	utkant (m)	['ʉt‚kant]
dintorni (m pl)	omegner (m pl)	['ɔm‚æjnər]
isolato (m)	kvarter (n)	[kvaːˈter]
quartiere residenziale	boligkvarter (n)	['bʊli‚kvaːˈter]
traffico (m)	trafikk (m)	[traˈfik]
semaforo (m)	trafikklys (n)	[traˈfik‚lys]
trasporti (m pl) urbani	offentlig transport (m)	['ɔfentli transˈpɔːt]
incrocio (m)	veikryss (n)	['væjkrʏs]
passaggio (m) pedonale	fotgjengerovergang (m)	['fʊtjɛŋər 'ɔvər‚gaŋ]
sottopassaggio (m)	undergang (m)	['ʉnər‚gaŋ]
attraversare (vt)	å gå over	[ɔ 'gɔ 'ɔvər]
pedone (m)	fotgjenger (m)	['fʊtjɛŋər]
marciapiede (m)	fortau (n)	['fɔː‚taʊ]
ponte (m)	bro (m/f)	['brʊ]
banchina (f)	kai (m/f)	['kaj]
fontana (f)	fontene (m)	['fʊntnə]
vialetto (m)	allé (m)	[aˈleː]
parco (m)	park (m)	['park]
boulevard (m)	bulevard (m)	[buleˈvar]
piazza (f)	torg (n)	['tɔr]
viale (m), corso (m)	aveny (m)	[aveˈny]
via (f), strada (f)	gate (m/f)	['gatə]
vicolo (m)	sidegate (m/f)	['sidə‚gatə]
vicolo (m) cieco	blindgate (m/f)	['blin‚gatə]
casa (f)	hus (n)	['hʉs]
edificio (m)	bygning (m/f)	['bygniŋ]
grattacielo (m)	skyskraper (m)	['sy‚skrapər]
facciata (f)	fasade (m)	[faˈsadə]
tetto (m)	tak (n)	['tak]

finestra (f)	vindu (n)	['vindʉ]
arco (m)	bue (n)	['bʉːə]
colonna (f)	søyle (m)	['søjlə]
angolo (m)	hjørne (n)	['jœːnə]

vetrina (f)	utstillingsvindu (n)	['ʉtˌstiliŋs 'vindʉ]
insegna (f) (di negozi, ecc.)	skilt (n)	['ʂilt]
cartellone (m)	plakat (m)	[pla'kat]
cartellone (m) pubblicitario	reklameplakat (m)	[rɛ'klaməˌpla'kat]
tabellone (m) pubblicitario	reklametavle (m/f)	[rɛ'klaməˌtavlə]

pattume (m), spazzatura (f)	søppel (m/f/n), avfall (n)	['sœpəl], ['avˌfal]
pattumiera (f)	søppelkasse (m/f)	['sœpəlˌkasə]
sporcare (vi)	å kaste søppel	[ɔ 'kastə 'sœpəl]
discarica (f) di rifiuti	søppelfylling (m/f), deponi (n)	['sœpəlˌfʏliŋ], [ˌdepɔ'ni]

cabina (f) telefonica	telefonboks (m)	[tele'fʉnˌbɔks]
lampione (m)	lyktestolpe (m)	['lʏktəˌstɔlpə]
panchina (f)	benk (m)	['bɛŋk]

poliziotto (m)	politi (m)	[pʉli'ti]
polizia (f)	politi (n)	[pʉli'ti]
mendicante (m)	tigger (m)	['tigər]
barbone (m)	hjemløs	['jɛmˌløs]

54. Servizi cittadini

negozio (m)	forretning, butikk (m)	[fɔ'rɛtniŋ], [bʉ'tik]
farmacia (f)	apotek (n)	[apʉ'tek]
ottica (f)	optikk (m)	[ɔp'tik]
centro (m) commerciale	kjøpesenter (n)	['çœpəˌsɛntər]
supermercato (m)	supermarked (n)	['sʉpəˌmarket]

panetteria (f)	bakeri (n)	[bake'ri]
fornaio (m)	baker (m)	['bakər]
pasticceria (f)	konditori (n)	[kʉnditɔ'ri]
drogheria (f)	matbutikk (m)	['matbʉˌtik]
macelleria (f)	slakterbutikk (m)	['ʂlaktəbʉˌtik]

| fruttivendolo (m) | grønnsaksbutikk (m) | ['grœnˌsaks bʉ'tik] |
| mercato (m) | marked (n) | ['markəd] |

caffè (m)	kafé, kaffebar (m)	[ka'fe], ['kafəˌbar]
ristorante (m)	restaurant (m)	[rɛstʉ'raŋ]
birreria (f), pub (m)	pub (m)	['pʉb]
pizzeria (f)	pizzeria (m)	[pitsə'ria]

salone (m) di parrucchiere	frisørsalong (m)	[fri'sør saˌlɔŋ]
ufficio (m) postale	post (m)	['pɔst]
lavanderia (f) a secco	renseri (n)	[rɛnse'ri]
studio (m) fotografico	fotostudio (n)	['fotoˌstʉdiɔ]

| negozio (m) di scarpe | skobutikk (m) | ['skʉˌbʉ'tik] |
| libreria (f) | bokhandel (m) | ['bʉkˌhandəl] |

Italiano	Norvegese	Pronuncia
negozio (m) sportivo	idrettsbutikk (m)	['idrɛts bɵ'tik]
riparazione (f) di abiti	reparasjon (m) av klær	[repɑrɑ'ʂʉn ɑː ˌklær]
noleggio (m) di abiti	leie (m/f) av klær	['læjə ɑː ˌklær]
noleggio (m) di film	filmutleie (m/f)	['filmˌɵt'læje]
circo (m)	sirkus (m/n)	['sirkɵs]
zoo (m)	zoo, dyrepark (m)	['sʉː], [dyrə'pɑrk]
cinema (m)	kino (m)	['çinʉ]
museo (m)	museum (n)	[mɵ'seum]
biblioteca (f)	bibliotek (n)	[bibliʉ'tek]
teatro (m)	teater (n)	[te'ɑtər]
teatro (m) dell'opera	opera (m)	['ʉpera]
locale notturno (m)	nattklubb (m)	['nɑtˌklɵb]
casinò (m)	kasino (n)	[kɑ'sinʉ]
moschea (f)	moské (m)	[mʉ'ske]
sinagoga (f)	synagoge (m)	[synɑ'gʉgə]
cattedrale (f)	katedral (m)	[kɑte'drɑl]
tempio (m)	tempel (n)	['tɛmpəl]
chiesa (f)	kirke (m/f)	['çirkə]
istituto (m)	institutt (n)	[insti'tɵt]
università (f)	universitet (n)	[ɵnivæʂi'tet]
scuola (f)	skole (m/f)	['skʉlə]
prefettura (f)	prefektur (n)	[prɛfɛk'tɵr]
municipio (m)	rådhus (n)	['rodˌhɵs]
albergo, hotel (m)	hotell (n)	[hʉ'tɛl]
banca (f)	bank (m)	['bɑnk]
ambasciata (f)	ambassade (m)	[ɑmbɑ'sɑdə]
agenzia (f) di viaggi	reisebyrå (n)	['ræjsə byˌro]
ufficio (m) informazioni	opplysningskontor (n)	[ɔp'lʏsniŋs kʉn'tʉr]
ufficio (m) dei cambi	vekslingskontor (n)	['vɛkʂliŋs kʉn'tʉr]
metropolitana (f)	tunnelbane, T-bane (m)	['tɵnəlˌbɑnə], ['tɛːˌbɑnə]
ospedale (m)	sykehus (n)	['sykəˌhɵs]
distributore (m) di benzina	bensinstasjon (m)	[bɛn'sinˌstɑ'ʂʉn]
parcheggio (m)	parkeringsplass (m)	[pɑr'keriŋsˌplɑs]

55. Cartelli

Italiano	Norvegese	Pronuncia
insegna (f) (di negozi, ecc.)	skilt (n)	['ʂilt]
iscrizione (f)	innskrift (m/f)	['inˌskrift]
cartellone (m)	plakat, poster (m)	['plɑˌkɑt], ['pɔstər]
segnale (m) di direzione	veiviser (m)	['væjˌvisər]
freccia (f)	pil (m/f)	['pil]
avvertimento (m)	advarsel (m)	['ɑdˌvɑʂəl]
avviso (m)	varselskilt (n)	['vɑʂəlˌʂilt]
avvertire, avvisare (vt)	å varsle	[ɔ 'vɑʂlə]
giorno (m) di riposo	fridag (m)	['friˌdɑ]

orario (m)	rutetabell (m)	['rʉtə̩tɑ'bɛl]
orario (m) di apertura	åpningstider (m/f pl)	['ɔpniŋs̩tidər]
BENVENUTI!	VELKOMMEN!	['vɛl̩kɔmən]
ENTRATA	INNGANG	['in̩gɑŋ]
USCITA	UTGANG	['ʉt̩gɑŋ]
SPINGERE	SKYV	['ʂyv]
TIRARE	TREKK	['trɛk]
APERTO	ÅPENT	['ɔpənt]
CHIUSO	STENGT	['stɛnt]
DONNE	DAMER	['dɑmər]
UOMINI	HERRER	['hærər]
SCONTI	RABATT	[rɑ'bɑt]
SALDI	SALG	['sɑlg]
NOVITÀ!	NYTT!	['nʏt]
GRATIS	GRATIS	['grɑtis]
ATTENZIONE!	FORSIKTIG!	[fʉ'ʂiktə]
COMPLETO	INGEN LEDIGE ROM	['iŋən 'lediə rʉm]
RISERVATO	RESERVERT	[resɛr'vɛ:t]
AMMINISTRAZIONE	ADMINISTRASJON	[ɑdministrɑ'ʂʉn]
RISERVATO AL PERSONALE	KUN FOR ANSATTE	['kʉn fɔr ɑn'sɑtə]
ATTENTI AL CANE	VOKT DEM FOR HUNDEN	['vɔkt dem fɔ 'hʉnən]
VIETATO FUMARE!	RØYKING FORBUDT	['røjkiŋ fɔr'bʉt]
NON TOCCARE	IKKE RØR!	['ikə 'rør]
PERICOLOSO	FARLIG	['fɑ:li]
PERICOLO	FARE	['fɑrə]
ALTA TENSIONE	HØYSPENNING	['høj̩spɛniŋ]
DIVIETO DI BALNEAZIONE	BADING FORBUDT	['bɑdiŋ fɔr'bʉt]
GUASTO	I USTAND	[i 'ʉ̩stɑn]
INFIAMMABILE	BRANNFARLIG	['brɑn̩fɑ:li]
VIETATO	FORBUDT	[fɔr'bʉt]
VIETATO L'INGRESSO	INGEN INNKJØRING	['iŋən 'in̩çœriŋ]
VERNICE FRESCA	NYMALT	['ny̩mɑlt]

56. Mezzi pubblici in città

autobus (m)	buss (m)	['bʉs]
tram (m)	trikk (m)	['trik]
filobus (m)	trolleybuss (m)	['trɔli̩bʉs]
itinerario (m)	rute (m/f)	['rʉtə]
numero (m)	nummer (n)	['nʉmər]
andare in ...	å kjøre med ...	[ɔ 'çœ:rə me ...]
salire (~ sull'autobus)	å gå på ...	[ɔ 'gɔ pɔ ...]
scendere da ...	å gå av ...	[ɔ 'gɔ ɑ: ...]

fermata (f) (~ dell'autobus)	holdeplass (m)	['holə‚plɑs]
prossima fermata (f)	neste holdeplass (m)	['nɛstə 'holə‚plɑs]
capolinea (m)	endestasjon (m)	['ɛnə‚stɑ'ʂʊn]
orario (m)	rutetabell (m)	['rʉtə‚tɑ'bɛl]
aspettare (vt)	å vente	[ɔ 'vɛntə]
biglietto (m)	billett (m)	[bi'let]
prezzo (m) del biglietto	billettpris (m)	[bi'let‚pris]
cassiere (m)	kasserer (m)	[kɑ'serər]
controllo (m) dei biglietti	billettkontroll (m)	[bi'let kʊn‚trɔl]
bigliettaio (m)	billett inspektør (m)	[bi'let inspɛk'tør]
essere in ritardo	å komme for sent	[ɔ 'kɔmə fɔ'ʂɛnt]
perdere (~ il treno)	å komme for sent til ...	[ɔ 'kɔmə fɔ'ʂɛnt til ...]
avere fretta	å skynde seg	[ɔ 'ʂynə sæj]
taxi (m)	drosje (m/f), taxi (m)	['drɔʂɛ], ['tɑksi]
taxista (m)	taxisjåfør (m)	['tɑksi ʂɔ'før]
in taxi	med taxi	[me 'tɑksi]
parcheggio (m) di taxi	taxiholdeplass (m)	['tɑksi 'holə‚plɑs]
chiamare un taxi	å taxi bestellen	[ɔ 'tɑksi be'stɛlən]
prendere un taxi	å ta taxi	[ɔ 'tɑ ‚tɑksi]
traffico (m)	trafikk (m)	[trɑ'fik]
ingorgo (m)	trafikkork (m)	[trɑ'fik‚kɔrk]
ore (f pl) di punta	rushtid (m/f)	['rʉʂ‚tid]
parcheggiarsi (vr)	å parkere	[ɔ pɑr'kerə]
parcheggiare (vt)	å parkere	[ɔ pɑr'kerə]
parcheggio (m)	parkeringsplass (m)	[pɑr'keriŋs‚plɑs]
metropolitana (f)	tunnelbane, T-bane (m)	['tʉnəl‚bɑnə], ['tɛː‚bɑnə]
stazione (f)	stasjon (m)	[stɑ'ʂʊn]
prendere la metropolitana	å kjøre med T-bane	[ɔ 'çœːrə me 'tɛː‚bɑnə]
treno (m)	tog (n)	['tɔg]
stazione (f) ferroviaria	togstasjon (m)	['tɔg‚stɑ'ʂʊn]

57. Visita turistica

monumento (m)	monument (n)	[monʉ'mɛnt]
fortezza (f)	festning (m/f)	['fɛstniŋ]
palazzo (m)	palass (n)	[pɑ'lɑs]
castello (m)	borg (m)	['bɔrg]
torre (f)	tårn (n)	['tɔːɳ]
mausoleo (m)	mausoleum (n)	[mɑʊsʉ'leum]
architettura (f)	arkitektur (m)	[ɑrkitɛk'tʉr]
medievale (agg)	middelalderlig	['midəl‚ɑldɛːli]
antico (agg)	gammel	['gɑməl]
nazionale (agg)	nasjonal	[nɑʂʊ'nɑl]
famoso (agg)	kjent	['çɛnt]
turista (m)	turist (m)	[tʉ'rist]
guida (f)	guide (m)	['gɑjd]

escursione (f)	utflukt (m/f)	['ʉtˌflʉkt]
fare vedere	å vise	[ɔ 'visə]
raccontare (vt)	å fortelle	[ɔ fɔ:'tɛlə]
trovare (vt)	å finne	[ɔ 'finə]
perdersi (vr)	å gå seg bort	[ɔ 'gɔ sæj 'bu:t]
mappa (f) (~ della metropolitana)	kart, linjekart (n)	['kɑ:t], ['linjə'kɑ:t]
piantina (f) (~ della città)	kart (n)	['kɑ:t]
souvenir (m)	suvenir (m)	[sʉve'nir]
negozio (m) di articoli da regalo	suvenirbutikk (m)	[sʉve'nir bʉ'tik]
fare foto	å fotografere	[ɔ fɔtɔgrɑ'ferə]
fotografarsi	å bli fotografert	[ɔ 'bli fɔtɔgrɑ'fɛ:t]

58. Acquisti

comprare (vt)	å kjøpe	[ɔ 'çœ:pə]
acquisto (m)	innkjøp (n)	['inˌçœp]
fare acquisti	å gå shopping	[ɔ 'gɔ ˌʂɔpiŋ]
shopping (m)	shopping (m)	['ʂɔpiŋ]
essere aperto (negozio)	å være åpen	[ɔ 'værə 'ɔpən]
essere chiuso	å være stengt	[ɔ 'værə 'stɛŋt]
calzature (f pl)	skotøy (n)	['skʉtøj]
abbigliamento (m)	klær (n)	['klær]
cosmetica (f)	kosmetikk (m)	[kʉsme'tik]
alimentari (m pl)	matvarer (m/f pl)	['mɑtˌvɑrər]
regalo (m)	gave (m/f)	['gɑvə]
commesso (m)	forselger (m)	[fɔ'ʂɛlər]
commessa (f)	forselger (m)	[fɔ'ʂɛlər]
cassa (f)	kasse (m/f)	['kɑsə]
specchio (m)	speil (n)	['spæjl]
banco (m)	disk (m)	['disk]
camerino (m)	prøverom (n)	['prøvəˌrʉm]
provare (~ un vestito)	å prøve	[ɔ 'prøvə]
stare bene (vestito)	å passe	[ɔ 'pɑsə]
piacere (vi)	å like	[ɔ 'likə]
prezzo (m)	pris (m)	['pris]
etichetta (f) del prezzo	prislapp (m)	['prisˌlɑp]
costare (vt)	å koste	[ɔ 'kɔstə]
Quanto?	Hvor mye?	[vʉr 'mye]
sconto (m)	rabatt (m)	[rɑ'bɑt]
no muy caro (agg)	billig	['bili]
a buon mercato	billig	['bili]
caro (agg)	dyr	['dyr]
È caro	Det er dyrt	[de ær 'dy:t]

noleggio (m)	utleie (m/f)	['ʉtˌlæje]
noleggiare (~ un abito)	å leie	[ɔ 'læjə]
credito (m)	kreditt (m)	[krɛ'dit]
a credito	på kreditt	[pɔ krɛ'dit]

59. Denaro

soldi (m pl)	penger (m pl)	['pɛŋər]
cambio (m)	veksling (m/f)	['vɛkʂliŋ]
corso (m) di cambio	kurs (m)	['kʉʂ]
bancomat (m)	minibank (m)	['miniˌbank]
moneta (f)	mynt (m)	['mʏnt]
dollaro (m)	dollar (m)	['dɔlar]
euro (m)	euro (m)	['ɛʉrʉ]
lira (f)	lira (m)	['lire]
marco (m)	mark (m/f)	['mark]
franco (m)	franc (m)	['fran]
sterlina (f)	pund sterling (m)	['pʉn stɛːˈliŋ]
yen (m)	yen (m)	['jɛn]
debito (m)	skyld (m/f), gjeld (m)	['ʂyl], ['jɛl]
debitore (m)	skyldner (m)	['ʂylnər]
prestare (~ i soldi)	å låne ut	[ɔ 'loːnə ʉt]
prendere in prestito	å låne	[ɔ 'loːnə]
banca (f)	bank (m)	['bank]
conto (m)	konto (m)	['kontʉ]
versare (vt)	å sette inn	[ɔ 'sɛtə in]
versare sul conto	å sette inn på kontoen	[ɔ 'sɛtə in pɔ 'kontʉən]
prelevare dal conto	å ta ut fra kontoen	[ɔ 'ta ʉt fra 'kontʉən]
carta (f) di credito	kredittkort (n)	[krɛ'ditˌkɔːt]
contanti (m pl)	kontanter (m pl)	[kʉn'tantər]
assegno (m)	sjekk (m)	['ʂɛk]
emettere un assegno	å skrive en sjekk	[ɔ 'skrivə en 'ʂɛk]
libretto (m) di assegni	sjekkbok (m/f)	['ʂɛkˌbʉk]
portafoglio (m)	lommebok (m)	['lʊməˌbʉk]
borsellino (m)	pung (m)	['pʉŋ]
cassaforte (f)	safe, seif (m)	['sɛjf]
erede (m)	arving (m)	['arviŋ]
eredità (f)	arv (m)	['arv]
fortuna (f)	formue (m)	['fɔrˌmʉə]
affitto (m), locazione (f)	leie (m)	['læje]
canone (m) d'affitto	husleie (m/f)	['hʉsˌlæje]
affittare (dare in affitto)	å leie	[ɔ 'læjə]
prezzo (m)	pris (m)	['pris]
costo (m)	kostnad (m)	['kostnad]
somma (f)	sum (m)	['sʉm]

spendere (vt)	å bruke	[ɔ 'brʉkə]
spese (f pl)	utgifter (m/f pl)	['ʉtˌjiftər]
economizzare (vi, vt)	å spare	[ɔ 'sparə]
economico (agg)	sparsom	['spaʂɔm]
pagare (vi, vt)	å betale	[ɔ be'talə]
pagamento (m)	betaling (m/f)	[be'taliŋ]
resto (m) (dare il ~)	vekslepenger (pl)	['vɛkʂləˌpɛŋər]
imposta (f)	skatt (m)	['skɑt]
multa (f), ammenda (f)	bot (m/f)	['bʊt]
multare (vt)	å bøtelegge	[ɔ 'bøtəˌlegə]

60. Posta. Servizio postale

ufficio (m) postale	post (m)	['pɔst]
posta (f) (lettere, ecc.)	post (m)	['pɔst]
postino (m)	postbud (n)	['pɔstˌbʉd]
orario (m) di apertura	åpningstider (m/f pl)	['ɔpniŋsˌtidər]
lettera (f)	brev (n)	['brev]
raccomandata (f)	rekommandert brev (n)	[rekʉmɑn'dɛːt ˌbrev]
cartolina (f)	postkort (n)	['pɔstˌkɔːt]
telegramma (m)	telegram (n)	[tele'gram]
pacco (m) postale	postpakke (m/f)	['pɔstˌpɑke]
vaglia (m) postale	pengeoverføring (m/f)	['pɛŋə 'ɔvərˌføriŋ]
ricevere (vt)	å motta	[ɔ 'mɔta]
spedire (vt)	å sende	[ɔ 'sɛne]
invio (m)	avsending (m)	['afˌsɛniŋ]
indirizzo (m)	adresse (m)	[a'drɛsə]
codice (m) postale	postnummer (n)	['pɔstˌnʉmər]
mittente (m)	avsender (m)	['afˌsɛnər]
destinatario (m)	mottaker (m)	['mɔtˌtakər]
nome (m)	fornavn (n)	['fɔrˌnavn]
cognome (m)	etternavn (n)	['ɛtəˌnavn]
tariffa (f)	tariff (m)	[tɑ'rif]
ordinario (agg)	vanlig	['vɑnli]
standard (agg)	økonomisk	[økʉ'nɔmisk]
peso (m)	vekt (m)	['vɛkt]
pesare (vt)	å veie	[ɔ 'væje]
busta (f)	konvolutt (m)	[kʉnvʉ'lʉt]
francobollo (m)	frimerke (n)	['friˌmærkə]
affrancare (vt)	å sette på frimerke	[ɔ 'sɛtə pɔ 'friˌmærkə]

Abitazione. Casa

61. Casa. Elettricità

elettricità (f)	elektrisitet (m)	[ɛlektrisi'tet]
lampadina (f)	lyspære (m/f)	['lys₍pærə]
interruttore (m)	strømbryter (m)	['strøm₍brytər]
fusibile (m)	sikring (m)	['sikriŋ]
filo (m)	ledning (m)	['ledniŋ]
impianto (m) elettrico	ledningsnett (n)	['ledniŋs₍nɛt]
contatore (m) dell'elettricità	elmåler (m)	['ɛl₍molər]
lettura, indicazione (f)	avlesninger (m/f pl)	['av₍lesniŋər]

62. Villa. Palazzo

casa (f) di campagna	fritidshus (n)	['fritids₍hʉs]
villa (f)	villa (m)	['vilɑ]
ala (f)	fløy (m)	['fløj]
giardino (m)	hage (m)	['hɑgə]
parco (m)	park (m)	['pɑrk]
serra (f)	drivhus (n)	['driv₍hʉs]
prendersi cura (~ del giardino)	å ta vare	[ɔ 'tɑ ₍vɑrə]
piscina (f)	svømmebasseng (n)	['svœmə₍bɑ'sɛŋ]
palestra (f)	gym (m)	['dʒym]
campo (m) da tennis	tennisbane (m)	['tɛnis₍bɑnə]
home cinema (m)	hjemmekino (m)	['jɛmə₍çinʉ]
garage (m)	garasje (m)	[gɑ'rɑʂə]
proprietà (f) privata	privateiendom (m)	[pri'vɑt 'æjəndɔm]
terreno (m) privato	privat terreng (n)	[pri'vɑt tɛ'rɛn]
avvertimento (m)	advarsel (m)	['ɑd₍vɑʂəl]
cartello (m) di avvertimento	varselskilt (n)	['vɑʂəl₍ʂilt]
sicurezza (f)	sikkerhet (m/f)	['sikər₍het]
guardia (f) giurata	sikkerhetsvakt (m/f)	['sikərhɛts₍vɑkt]
allarme (f) antifurto	tyverialarm (m)	[tyve'ri ɑ'lɑrm]

63. Appartamento

appartamento (m)	leilighet (m/f)	['læjli₍het]
camera (f), stanza (f)	rom (n)	['rʉm]

camera (f) da letto	soverom (n)	['sɔvəˌrʊm]
sala (f) da pranzo	spisestue (m/f)	['spisəˌstʉə]
salotto (m)	dagligstue (m/f)	['dɑgliˌstʉə]
studio (m)	arbeidsrom (n)	['ɑrbæjdsˌrʊm]
ingresso (m)	entré (m)	[ɑn'trɛː]
bagno (m)	bad, baderom (n)	['bɑd], ['bɑdəˌrʊm]
gabinetto (m)	toalett, WC (n)	[tʊɑ'let], [vɛ'sɛ]
soffitto (m)	tak (n)	['tɑk]
pavimento (m)	gulv (n)	['gʉlv]
angolo (m)	hjørne (n)	['jœːnə]

64. Arredamento. Interno

mobili (m pl)	møbler (n pl)	['møblər]
tavolo (m)	bord (n)	['bʊr]
sedia (f)	stol (m)	['stʊl]
letto (m)	seng (m/f)	['sɛŋ]
divano (m)	sofa (m)	['sʊfɑ]
poltrona (f)	lenestol (m)	['lenəˌstʊl]
libreria (f)	bokskap (n)	['bʊkˌskɑp]
ripiano (m)	hylle (m/f)	['hʏlə]
armadio (m)	klesskap (n)	['klɛˌskɑp]
attaccapanni (m) da parete	knaggbrett (n)	['knɑgˌbrɛt]
appendiabiti (m) da terra	stumtjener (m)	['stʉmˌtjenər]
comò (m)	kommode (m)	[kʊ'mʊdə]
tavolino (m) da salotto	kaffebord (n)	['kɑfəˌbʊr]
specchio (m)	speil (n)	['spæjl]
tappeto (m)	teppe (n)	['tɛpə]
tappetino (m)	lite teppe (n)	['litə 'tɛpə]
camino (m)	peis (m), ildsted (n)	['pæjs], ['ilsted]
candela (f)	lys (n)	['lys]
candeliere (m)	lysestake (m)	['lysəˌstɑkə]
tende (f pl)	gardiner (m/f pl)	[gɑː'dinər]
carta (f) da parati	tapet (n)	[tɑ'pet]
tende (f pl) alla veneziana	persienne (m)	[pæʂi'enə]
lampada (f) da tavolo	bordlampe (m/f)	['bʊrˌlɑmpə]
lampada (f) da parete	vegglampe (m/f)	['vɛgˌlɑmpə]
lampada (f) a stelo	gulvlampe (m/f)	['gʉlvˌlɑmpə]
lampadario (m)	lysekrone (m/f)	['lysəˌkrʊnə]
gamba (f)	bein (n)	['bæjn]
bracciolo (m)	armlene (n)	['ɑrmˌlene]
spalliera (f)	rygg (m)	['rʏg]
cassetto (m)	skuff (m)	['skʉf]

65. Biancheria da letto

biancheria (f) da letto	sengetøy (n)	[ˈsɛŋəˌtøj]
cuscino (m)	pute (m/f)	[ˈpʉtə]
federa (f)	putevar, putetrekk (n)	[ˈpʉtəˌvɑr], [ˈpʉtəˌtrɛk]
coperta (f)	dyne (m/f)	[ˈdynə]
lenzuolo (m)	laken (n)	[ˈlɑkən]
copriletto (m)	sengeteppe (n)	[ˈsɛŋəˌtɛpə]

66. Cucina

cucina (f)	kjøkken (n)	[ˈçœkən]
gas (m)	gass (m)	[ˈgɑs]
fornello (m) a gas	gasskomfyr (m)	[ˈgɑs kɔmˌfyr]
fornello (m) elettrico	elektrisk komfyr (m)	[ɛˈlektrisk kɔmˌfyr]
forno (m)	bakeovn (m)	[ˈbɑkeˌɔvn]
forno (m) a microonde	mikrobølgeovn (m)	[ˈmikrʉˌbølgəˈɔvn]
frigorifero (m)	kjøleskap (n)	[ˈçœləˌskɑp]
congelatore (m)	fryser (m)	[ˈfrysər]
lavastoviglie (f)	oppvaskmaskin (m)	[ˈɔpvɑsk mɑˌʂin]
tritacarne (m)	kjøttkvern (m/f)	[ˈçœtˌkvɛːn]
spremifrutta (m)	juicepresse (m/f)	[ˈdʒʉsˌprɛsə]
tostapane (m)	brødrister (m)	[ˈbrøˌristər]
mixer (m)	mikser (m)	[ˈmiksər]
macchina (f) da caffè	kaffetrakter (m)	[ˈkɑfəˌtrɑktər]
caffettiera (f)	kaffekanne (m/f)	[ˈkɑfəˌkɑnə]
macinacaffè (m)	kaffekvern (m/f)	[ˈkɑfəˌkvɛːn]
bollitore (m)	tekjele (m)	[ˈteˌçelə]
teiera (f)	tekanne (m/f)	[ˈteˌkɑnə]
coperchio (m)	lokk (n)	[ˈlɔk]
colino (m) da tè	tesil (m)	[ˈteˌsil]
cucchiaio (m)	skje (m)	[ˈʂe]
cucchiaino (m) da tè	teskje (m)	[ˈteˌʂe]
cucchiaio (m)	spiseskje (m)	[ˈspisəˌʂɛ]
forchetta (f)	gaffel (m)	[ˈgɑfəl]
coltello (m)	kniv (m)	[ˈkniv]
stoviglie (f pl)	servise (n)	[særˈvisə]
piatto (m)	tallerken (m)	[tɑˈlærkən]
piattino (m)	tefat (n)	[ˈteˌfɑt]
cicchetto (m)	shotglass (n)	[ˈʂɔtˌglɑs]
bicchiere (m) (~ d'acqua)	glass (n)	[ˈglɑs]
tazzina (f)	kopp (m)	[ˈkɔp]
zuccheriera (f)	sukkerskål (m/f)	[ˈsʉkərˌskɔl]
saliera (f)	saltbøsse (m/f)	[ˈsɑltˌbøsə]
pepiera (f)	pepperbøsse (m/f)	[ˈpɛpərˌbøsə]

burriera (f)	smørkopp (m)	['smœr͵kɔp]
pentola (f)	gryte (m/f)	['grytə]
padella (f)	steikepanne (m/f)	['stæjkə͵panə]
mestolo (m)	sleiv (m/f)	['ʂlæjv]
colapasta (m)	dørslag (n)	['dœʂlag]
vassoio (m)	brett (n)	['brɛt]
bottiglia (f)	flaske (m)	['flaskə]
barattolo (m) di vetro	glasskrukke (m/f)	['glɑs͵krʉkə]
latta, lattina (f)	boks (m)	['bɔks]
apribottiglie (m)	flaskeåpner (m)	['flaskə͵ɔpnər]
apriscatole (m)	konservåpner (m)	['kʉnsəv͵ɔpnər]
cavatappi (m)	korketrekker (m)	['kɔrkə͵trɛkər]
filtro (m)	filter (n)	['filtər]
filtrare (vt)	å filtrere	[ɔ fil'trerə]
spazzatura (f)	søppel (m/f/n)	['sœpəl]
pattumiera (f)	søppelbøtte (m/f)	['sœpəl͵bœtə]

67. Bagno

bagno (m)	bad, baderom (n)	['bad], ['badə͵rʉm]
acqua (f)	vann (n)	['van]
rubinetto (m)	kran (m/f)	['kran]
acqua (f) calda	varmt vann (n)	['varmt ͵van]
acqua (f) fredda	kaldt vann (n)	['kalt van]
dentifricio (m)	tannpasta (m)	['tan͵pasta]
lavarsi i denti	å pusse tennene	[ɔ 'pʉsə 'tɛnənə]
spazzolino (m) da denti	tannbørste (m)	['tan͵bœʂtə]
rasarsi (vr)	å barbere seg	[ɔ bar'berə sæj]
schiuma (f) da barba	barberskum (n)	[bar'bɛ͵skʉm]
rasoio (m)	høvel (m)	['høvəl]
lavare (vt)	å vaske	[ɔ 'vaskə]
fare un bagno	å vaske seg	[ɔ 'vaskə sæj]
doccia (f)	dusj (m)	['dʉʂ]
fare una doccia	å ta en dusj	[ɔ 'ta en 'dʉʂ]
vasca (f) da bagno	badekar (n)	['badə͵kar]
water (m)	toalettstol (m)	[tʊa'let͵stʊl]
lavandino (m)	vaskeservant (m)	['vaskə͵sɛr'vant]
sapone (m)	såpe (m/f)	['so:pə]
porta (m) sapone	såpeskål (m/f)	['so:pə͵skɔl]
spugna (f)	svamp (m)	['svamp]
shampoo (m)	sjampo (m)	['ʂam͵pʊ]
asciugamano (m)	håndkle (n)	['hɔn͵kle]
accappatoio (m)	badekåpe (m/f)	['badə͵ko:pə]
bucato (m)	vask (m)	['vask]
lavatrice (f)	vaskemaskin (m)	['vaskə ma͵ʂin]

| fare il bucato | å vaske tøy | [ɔ 'vaskə 'tøj] |
| detersivo (m) per il bucato | vaskepulver (n) | ['vaskə‚pʉlvər] |

68. Elettrodomestici

televisore (m)	TV (m), TV-apparat (n)	['tɛvɛ], ['tɛvɛ apɑ'rɑt]
registratore (m) a nastro	båndopptaker (m)	['bɔn‚ɔptɑkər]
videoregistratore (m)	video (m)	['vidɛʉ]
radio (f)	radio (m)	['rɑdiʉ]
lettore (m)	spiller (m)	['spilər]

videoproiettore (m)	videoprojektor (m)	['vidɛʉ prɔ'jɛktɔr]
home cinema (m)	hjemmekino (m)	['jɛmə‚çinʉ]
lettore (m) DVD	DVD-spiller (m)	[deve'de ‚spilər]
amplificatore (m)	forsterker (m)	[fɔ'ʂtærkər]
console (f) video giochi	spillkonsoll (m)	['spil kʉn'sɔl]

videocamera (f)	videokamera (n)	['vidɛʉ ‚kɑmerɑ]
macchina (f) fotografica	kamera (n)	['kɑmerɑ]
fotocamera (f) digitale	digitalkamera (n)	[digi'tɑl ‚kɑmerɑ]

aspirapolvere (m)	støvsuger (m)	['støf‚sʉgər]
ferro (m) da stiro	strykejern (n)	['strykəjæːn̩]
asse (f) da stiro	strykebrett (n)	['strykə‚brɛt]

telefono (m)	telefon (m)	[tele'fʉn]
telefonino (m)	mobiltelefon (m)	[mʉ'bil tele'fʉn]
macchina (f) da scrivere	skrivemaskin (m)	['skrivə mɑ‚şin]
macchina (f) da cucire	symaskin (m)	['siːmɑ‚şin]

microfono (m)	mikrofon (m)	[mikrʉ'fʉn]
cuffia (f)	hodetelefoner (n pl)	['hɔdətelə‚fʉnər]
telecomando (m)	fjernkontroll (m)	['fjæːn̩ kʉn'trɔl]

CD (m)	CD-rom (m)	['sɛdɛ‚rʉm]
cassetta (f)	kassett (m)	[kɑ'sɛt]
disco (m) (vinile)	plate, skive (m/f)	['plɑtə], ['şivə]

ATTIVITÀ UMANA

Lavoro. Affari. Parte 1

69. Ufficio. Lavorare in ufficio

uffici (m pl) (gli ~ della società)	kontor (n)	[kʊn'tʊr]
ufficio (m)	kontor (n)	[kʊn'tʊr]
portineria (f)	resepsjon (m)	[resɛp'ʂʊn]
segretario (m)	sekretær (m)	[sɛkrə'tær]
segretaria (f)	sekretær (m)	[sɛkrə'tær]
direttore (m)	direktør (m)	[dirɛk'tør]
manager (m)	manager (m)	['mɛnidʒər]
contabile (m)	regnskapsfører (m)	['rɛjnskaps,fører]
impiegato (m)	ansatt (n)	['an,sat]
mobili (m pl)	møbler (n pl)	['møblər]
scrivania (f)	bord (n)	['bʊr]
poltrona (f)	arbeidsstol (m)	['arbæjds,stʊl]
cassettiera (f)	skuffeseksjon (m)	['skʉfə,sɛk'ʂʊn]
appendiabiti (m) da terra	stumtjener (m)	['stʉm,tjenər]
computer (m)	datamaskin (m)	['data ma,ʂin]
stampante (f)	skriver (m)	['skrivər]
fax (m)	faks (m)	['faks]
fotocopiatrice (f)	kopimaskin (m)	[kʊ'pi ma,ʂin]
carta (f)	papir (n)	[pa'pir]
cancelleria (f)	kontorartikler (m pl)	[kʊn'tʊr a:'tiklər]
tappetino (m) del mouse	musematte (m/f)	['mʉsə,matə]
foglio (m)	ark (n)	['ark]
cartella (f)	mappe (m/f)	['mapə]
catalogo (m)	katalog (m)	[kata'lɔg]
elenco (m) del telefono	telefonkatalog (m)	[tele'fʊn kata'lɔg]
documentazione (f)	dokumentasjon (m)	[dɔkʉmɛnta'ʂʊn]
opuscolo (m)	brosjyre (m)	[brɔ'syrə]
volantino (m)	reklameblad (n)	[rɛ'klamə,bla]
campione (m)	prøve (m)	['prøvə]
formazione (f)	trening (m/f)	['treniŋ]
riunione (f)	møte (n)	['møtə]
pausa (f) pranzo	lunsj pause (m)	['lʉnʂ ,pausə]
copiare (vt)	å lage en kopi	[ɔ 'lagə en kʊ'pi]
fare copie	å kopiere	[ɔ kʊ'pjerə]
ricevere un fax	å motta faks	[ɔ 'mɔta ,faks]
spedire un fax	å sende faks	[ɔ 'sɛnə ,faks]

telefonare (vi, vt)	å ringe	[ɔ 'riŋə]
rispondere (vi, vt)	å svare	[ɔ 'svarə]
passare (glielo passo)	å sætte over til ...	[ɔ 'sætə 'ɔvər til ...]
fissare (organizzare)	å arrangere	[ɔ araŋ'şerə]
dimostrare (vt)	å demonstrere	[ɔ demɔn'strerə]
essere assente	å være fraværende	[ɔ 'værə 'fra‚værənə]
assenza (f)	fravær (n)	['fra‚vær]

70. Operazioni d'affari. Parte 1

attività (f)	bedrift, handel (m)	[be'drift], ['handəl]
occupazione (f)	yrke (n)	['yrkə]
ditta (f)	firma (n)	['firma]
compagnia (f)	foretak (n)	['fɔrə‚tak]
corporazione (f)	korporasjon (m)	[kʉrpʉra'şʉn]
impresa (f)	foretak (n)	['fɔrə‚tak]
agenzia (f)	agentur (n)	[agɛn'tʉr]
accordo (m)	avtale (m)	['av‚talə]
contratto (m)	kontrakt (m)	[kʉn'trakt]
affare (m)	avtale (m)	['av‚talə]
ordine (m) (ordinazione)	bestilling (m)	[be'stiliŋ]
termine (m) dell'accordo	vilkår (n)	['vil‚kɔ:r]
all'ingrosso	en gros	[ɛn 'grɔ]
all'ingrosso (agg)	engros-	[ɛŋ'grɔ-]
vendita (f) all'ingrosso	engroshandel (m)	[ɛŋ'grɔ‚handəl]
al dettaglio (agg)	detalj-	[de'talj-]
vendita (f) al dettaglio	detaljhandel (m)	[de'talj‚handəl]
concorrente (m)	konkurrent (m)	[kʉnkʉ'rɛnt]
concorrenza (f)	konkurranse (m)	[kʉnkʉ'ransə]
competere (vi)	å konkurrere	[ɔ kʉnkʉ'rerə]
socio (m), partner (m)	partner (m)	['pa:tnər]
partenariato (m)	partnerskap (n)	['pa:tnə‚skap]
crisi (f)	krise (m/f)	['krisə]
bancarotta (f)	fallitt (m)	[fa'lit]
fallire (vi)	å gå konkurs	[ɔ 'gɔ kɔn'kʉş]
difficoltà (f)	vanskelighet (m)	['vanskəli‚het]
problema (m)	problem (n)	[prʉ'blem]
disastro (m)	katastrofe (m)	[kata'strɔfə]
economia (f)	økonomi (m)	[økʉnʉ'mi]
economico (agg)	økonomisk	[økʉ'nɔmisk]
recessione (f) economica	økonomisk nedgang (m)	[økʉ'nɔmisk 'ned‚gaŋ]
scopo (m), obiettivo (m)	mål (n)	['mol]
incarico (m)	oppgave (m/f)	['ɔp‚gavə]
commerciare (vi)	å handle	[ɔ 'handlə]
rete (f) (~ di distribuzione)	nettverk (n)	['nɛt‚værk]

| giacenza (f) | lager (n) | ['lagər] |
| assortimento (m) | sortiment (n) | [sɔ:ti'mɛn] |

leader (m), capo (m)	leder (m)	['ledər]
grande (agg)	stor	['stʉr]
monopolio (m)	monopol (n)	[mʉnʉ'pɔl]

teoria (f)	teori (m)	[teʉ'ri]
pratica (f)	praksis (m)	['praksis]
esperienza (f)	erfaring (m/f)	[ær'farin]
tendenza (f)	tendens (m)	[tɛn'dɛns]
sviluppo (m)	utvikling (m/f)	['ʉt‚viklin]

71. Operazioni d'affari. Parte 2

| profitto (m) | utbytte (n), fordel (m) | ['ʉt‚bʏtə], ['fɔ:del] |
| profittevole (agg) | fordelaktig | [fɔ:del'akti] |

delegazione (f)	delegasjon (m)	[delega'ʂʉn]
stipendio (m)	lønn (m/f)	['lœn]
correggere (vt)	å rette	[ɔ 'rɛtə]
viaggio (m) d'affari	forretningsreise (m/f)	[fɔ'rɛtnins‚ræjsə]
commissione (f)	provisjon (m)	[prʉvi'ʂʉn]

controllare (vt)	å kontrollere	[ɔ kʉntrɔ'lerə]
conferenza (f)	konferanse (m)	[kʉnfə'ransə]
licenza (f)	lisens (m)	[li'sɛns]
affidabile (agg)	pålitelig	[pɔ'liteli]

iniziativa (f) (progetto nuovo)	initiativ (n)	[initsia'tiv]
norma (f)	norm (m)	['nɔrm]
circostanza (f)	omstendighet (m)	[ɔm'stɛndi‚het]
mansione (f)	plikt (m/f)	['plikt]

impresa (f)	organisasjon (m)	[ɔrganisa'ʂʉn]
organizzazione (f)	organisering (m)	[ɔrgani'serin]
organizzato (agg)	organisert	[ɔrgani'sɛ:t]
annullamento (m)	avlysning (m/f)	['av‚lʏsnin]
annullare (vt)	å avlyse, å annullere	[ɔ 'av‚lysə], [ɔ anʉ'lerə]
rapporto (m) (~ ufficiale)	rapport (m)	[ra'pɔ:t]

brevetto (m)	patent (n)	[pa'tɛnt]
brevettare (vt)	å patentere	[ɔ patɛn'terə]
pianificare (vt)	å planlegge	[ɔ 'plan‚legə]

premio (m)	gratiale (n)	[gratsi'a:lə]
professionale (agg)	professionel	[prʉ'fɛsio‚nɛl]
procedura (f)	prosedyre (m)	[prʉsə'dyrə]

esaminare (~ un contratto)	å undersøke	[ɔ 'ʉnə‚søkə]
calcolo (m)	beregning (m/f)	[be'rɛjnin]
reputazione (f)	rykte (n)	['rʏktə]
rischio (m)	risiko (m)	['risikʉ]
dirigere (~ un'azienda)	å styre, å lede	[ɔ 'styrə], [ɔ 'ledə]

informazioni (f pl)	opplysninger (m/f pl)	[ˈɔpˌlʏsniŋər]
proprietà (f)	eiendom (m)	[ˈæjənˌdɔm]
unione (f) (~ Italiana Vini, ecc.)	forbund (n)	[ˈfɔrˌbʉn]
assicurazione (f) sulla vita	livsforsikring (m/f)	[ˈlifsfɔˌsikriŋ]
assicurare (vt)	å forsikre	[ɔ fɔˈsikrə]
assicurazione (f)	forsikring (m/f)	[fɔˈsikriŋ]
asta (f)	auksjon (m)	[aʊkˈʂʉn]
avvisare (informare)	å underrette	[ɔ ˈʉnəˌrɛtə]
gestione (f)	ledelse (m)	[ˈledəlsə]
servizio (m)	tjeneste (m)	[ˈtjenɛstə]
forum (m)	forum (n)	[ˈfɔrum]
funzionare (vi)	å fungere	[ɔ fʉˈŋerə]
stadio (m) (fase)	etappe (m)	[eˈtapə]
giuridico (agg)	juridisk	[jʉˈridisk]
esperto (m) legale	jurist (m)	[jʉˈrist]

72. Attività produttiva. Lavori

stabilimento (m)	verk (n)	[ˈværk]
fabbrica (f)	fabrikk (m)	[fɑˈbrik]
officina (f) di produzione	verkstad (m)	[ˈværkˌstɑd]
stabilimento (m)	produksjonsplass (m)	[prʊdʊkˈʂʉns ˌplɑs]
industria (f)	industri (m)	[indʉˈstri]
industriale (agg)	industriell	[indʉstriˈɛl]
industria (f) pesante	tungindustri (m)	[ˈtʉŋ ˌindʉˈstri]
industria (f) leggera	lettindustri (m)	[ˈletˌindʉˈstri]
prodotti (m pl)	produksjon (m)	[prʊdʉkˈʂʉn]
produrre (vt)	å produsere	[ɔ prʊdʉˈserə]
materia (f) prima	råstoffer (n pl)	[ˈrɔˌstɔfər]
caposquadra (m)	formann, bas (m)	[ˈfɔrman], [ˈbɑs]
squadra (f)	arbeidslag (n)	[ˈɑrbæjdsˌlɑg]
operaio (m)	arbeider (m)	[ˈɑrˌbæjdər]
giorno (m) lavorativo	arbeidsdag (m)	[ˈɑrbæjdsˌdɑ]
pausa (f)	hvilepause (m)	[ˈvilə.paʊse]
riunione (f)	møte (n)	[ˈmøtə]
discutere (~ di un problema)	å drøfte, å diskutere	[ɔ ˈdrœftə], [ɔ diskʉˈterə]
piano (m)	plan (m)	[ˈplɑn]
eseguire il piano	å oppfylle planen	[ɔ ˈɔpˌfʏlə ˈplɑnən]
tasso (m) di produzione	produksjonsmål (n)	[prʊdʉkˈʂʉns ˌmol]
qualità (f)	kvalitet (m)	[kvɑliˈtɛt]
controllo (m)	kontroll (m)	[kʊnˈtrɔl]
controllo (m) di qualità	kvalitetskontroll (m)	[kvɑliˈtɛt kʊnˈtrɔl]
sicurezza (f) sul lavoro	arbeidervern (n)	[ˈɑrbæjdərˌvæːn]
disciplina (f)	disiplin (m)	[disipˈlin]

infrazione (f)	brudd (n)	['brʉd]
violare (~ le regole)	å bryte	[ɔ 'brytə]
sciopero (m)	streik (m)	['stræjk]
scioperante (m)	streiker (m)	['stræjkər]
fare sciopero	å streike	[ɔ 'stræjkə]
sindacato (m)	fagforening (m/f)	['fagfɔˌreniŋ]
inventare (vt)	å oppfinne	[ɔ 'ɔpˌfinə]
invenzione (f)	oppfinnelse (m)	['ɔpˌfinəlsə]
ricerca (f)	forskning (m)	['fɔːʂkniŋ]
migliorare (vt)	å forbedre	[ɔ fɔr'bɛdrə]
tecnologia (f)	teknologi (m)	[tɛknʊlʊ'gi]
disegno (m) tecnico	teknisk tegning (m/f)	['tɛknisk ˌtæjniŋ]
carico (m)	last (m/f)	['last]
caricatore (m)	lastearbeider (m)	['lastə'arˌbæjdər]
caricare (~ un camion)	å laste	[ɔ 'lastə]
caricamento (m)	lasting (m/f)	['lastiŋ]
scaricare (vt)	å lesse av	[ɔ 'lese aː]
scarico (m)	avlessing (m/f)	['avˌlesiŋ]
trasporto (m)	transport (m)	[trans'pɔːt]
società (f) di trasporti	transportfirma (n)	[trans'pɔːt ˌfirma]
trasportare (vt)	å transportere	[ɔ transpɔːˈtere]
vagone (m) merci	godsvogn (m/f)	['gʉtsˌvɔŋn]
cisterna (f)	tank (m)	['tank]
camion (m)	lastebil (m)	['lastəˌbil]
macchina (f) utensile	verktøymaskin (m)	['værktøj maˌʂin]
meccanismo (m)	mekanisme (m)	[meka'nismə]
rifiuti (m pl) industriali	industrielt avfall (n)	[indʉstri'ɛlt 'avˌfal]
imballaggio (m)	pakning (m/f)	['paknin]
imballare (vt)	å pakke	[ɔ 'pakə]

73. Contratto. Accordo

contratto (m)	kontrakt (m)	[kʊn'trakt]
accordo (m)	avtale (m)	['avˌtalə]
allegato (m)	tillegg, bilag (n)	['tiˌleg], ['biˌlag]
firmare un contratto	å inngå kontrakt	[ɔ 'inˌgɔ kʊn'trakt]
firma (f)	underskrift (m/f)	['ʉnəˌskrift]
firmare (vt)	å underskrive	[ɔ 'ʉnəˌskrivə]
timbro (m) (su documenti)	stempel (n)	['stɛmpəl]
oggetto (m) del contratto	kontraktens gjenstand (m)	[kʊn'traktəns 'jɛnˌstan]
clausola (f)	klausul (m)	[klaʊ'sʉl]
parti (f pl) (in un contratto)	parter (m pl)	['paːtər]
sede (f) legale	juridisk adresse (m/f)	[jʉ'ridisk a'drɛsə]
sciogliere un contratto	å bryte kontrakten	[ɔ 'brytə kʊn'traktən]
obbligo (m)	forpliktelse (m)	[fɔr'pliktəlsə]

responsabilità (f)	ansvar (n)	['an,svar]
forza (f) maggiore	force majeure (m)	[,fɔrs ma'ʒøːr]
discussione (f)	tvist (m)	['tvist]
sanzioni (f pl)	straffeavgifter (m pl)	['strafə av'jiftər]

74. Import-export

importazione (f)	import (m)	[im'pɔːt]
importatore (m)	importør (m)	[impɔː'tør]
importare (vt)	å importere	[ɔ impɔː'terə]
d'importazione (agg)	import-	[im'pɔːt-]

esportazione (f)	eksport (m)	[ɛks'pɔːt]
esportatore (m)	eksportør (m)	[ɛkspɔː'tør]
esportare (vt)	å eksportere	[ɔ ɛkspɔː'terə]
d'esportazione (agg)	eksport-	[ɛks'pɔːt-]

| merce (f) | vare (m/f) | ['varə] |
| carico (m) | parti (n) | [pɑː'ti] |

peso (m)	vekt (m)	['vɛkt]
volume (m)	volum (n)	[vɔ'lʉm]
metro (m) cubo	kubikkmeter (m)	[kʉ'bik,metər]

produttore (m)	produsent (m)	[prʉdʉ'sɛnt]
società (f) di trasporti	transportfirma (n)	[trans'pɔːt ,firma]
container (m)	container (m)	[kɔn'tɛjnər]

frontiera (f)	grense (m/f)	['grɛnsə]
dogana (f)	toll (m)	['tɔl]
dazio (m) doganale	tollavgift (m)	['tɔl av'jift]
doganiere (m)	tollbetjent (m)	['tɔlbe,tjɛnt]
contrabbando (m)	smugling (m/f)	['smʉgliŋ]
merci (f pl) contrabbandate	smuglergods (n)	['smʉglə,gʉts]

75. Mezzi finanziari

azione (f)	aksje (m)	['akʂə]
obbligazione (f)	obligasjon (m)	[ɔbliga'ʂun]
cambiale (f)	veksel (m)	['vɛksəl]

| borsa (f) | børs (m) | ['bœʂ] |
| quotazione (f) | aksjekurs (m) | ['akʂə,kʉʂ] |

| diminuire di prezzo | å gå ned | [ɔ 'gɔ ne] |
| aumentare di prezzo | å gå opp | [ɔ 'gɔ ɔp] |

quota (f)	andel (m)	['an,del]
pacchetto (m) di maggioranza	aksjemajoritet (m)	['akʂə,majɔri'tet]
investimento (m)	investering (m/f)	[inve'steriŋ]
investire (vt)	å investere	[ɔ inve'sterə]
percento (m)	prosent (m)	[prʉ'sɛnt]

interessi (m pl) (su investimenti)	rente (m/f)	['rɛntə]
profitto (m)	profitt (m), fortjeneste (m/f)	[prɔ'fit], [fɔː'tjenɛstə]
redditizio (agg)	profitabel	[prɔfi'tabəl]
imposta (f)	skatt (m)	['skɑt]
valuta (f) (~ estera)	valuta (m)	[vɑ'lʉtɑ]
nazionale (agg)	nasjonal	[nɑṣu'nɑl]
cambio (m) (~ valuta)	veksling (m/f)	['vɛkṣliŋ]
contabile (m)	regnskapsfører (m)	['rɛjnskɑpșførər]
ufficio (m) contabilità	bokføring (m/f)	['bʉk'føriŋ]
bancarotta (f)	fallitt (m)	[fɑ'lit]
fallimento (m)	krakk (n)	['krɑk]
rovina (f)	ruin (m)	[rʉ'in]
andare in rovina	å ruinere seg	[ɔ rʉi'nerə sæj]
inflazione (f)	inflasjon (m)	[inflɑ'ṣʉn]
svalutazione (f)	devaluering (m)	[devɑlʉ'eriŋ]
capitale (m)	kapital (m)	[kɑpi'tɑl]
reddito (m)	inntekt (m/f), innkomst (m)	['in̦tɛkt], ['in̦kɔmst]
giro (m) di affari	omsetning (m/f)	['ɔm̦sɛtniŋ]
risorse (f pl)	ressurser (m pl)	[re'sʉṣər]
mezzi (m pl) finanziari	pengemidler (m pl)	['pɛŋə̦midlər]
spese (f pl) generali	faste utgifter (m/f pl)	['fɑstə 'ʉțjiftər]
ridurre (~ le spese)	å redusere	[ɔ redʉ'serə]

76. Marketing

marketing (m)	markedsføring (m/f)	['mɑrkədșføriŋ]
mercato (m)	marked (n)	['mɑrkəd]
segmento (m) di mercato	markedssegment (n)	['mɑrkəds sɛg'mɛnt]
prodotto (m)	produkt (n)	[prʉ'dʉkt]
merce (f)	vare (m/f)	['vɑrə]
marca (f)	merkenavn (n)	['mærkə̦nɑvn]
marchio (m) di fabbrica	varemerke (n)	['vɑrə̦mærkə]
logotipo (m)	firmamerke (n)	['firmɑ̦mærkə]
logo (m)	logo (m)	['lugʉ]
domanda (f)	etterspørsel (m)	['ɛtə̦spœṣəl]
offerta (f)	tilbud (n)	['til̦bʉd]
bisogno (m)	behov (n)	[be'huv]
consumatore (m)	forbruker (m)	[fɔr'brʉkər]
analisi (f)	analyse (m)	[ɑnɑ'lysə]
analizzare (vt)	å analysere	[ɔ ɑnɑly'serə]
posizionamento (m)	posisjonering (m/f)	[pusiṣu'neriŋ]
posizionare (vt)	å posisjonere	[ɔ pusiṣu'nerə]
prezzo (m)	pris (m)	['pris]
politica (f) dei prezzi	prispolitikk (m)	['pris pʉli'tik]
determinazione (f) dei prezzi	prisdannelse (m)	['prișdɑnəlsə]

77. Pubblicità

pubblicità (f)	reklame (m)	[rɛˈklɑmə]
pubblicizzare (vt)	å reklamere	[ɔ rɛklɑˈmerə]
bilancio (m) (budget)	budsjett (n)	[bʉdˈʂɛt]
annuncio (m)	annonse (m)	[ɑˈnɔnsə]
pubblicità (f) televisiva	TV-reklame (m)	[ˈtɛve rɛˈklɑmə]
pubblicità (f) radiofonica	radioreklame (m)	[ˈrɑdiʉ rɛˈklɑmə]
pubblicità (f) esterna	utendørsreklame (m)	[ˈʉtənˌdœʂ rɛˈklɑmə]
mass media (m pl)	massemedier (n pl)	[ˈmɑsəˌmediər]
periodico (m)	tidsskrift (n)	[ˈtidˌskrift]
immagine (f)	image (m)	[ˈimidʒ]
slogan (m)	slogan (n)	[ˈslɔɡɑn]
motto (m)	motto (n)	[ˈmɔtʉ]
campagna (f)	kampanje (m)	[kɑmˈpɑnjə]
campagna (f) pubblicitaria	reklamekampanje (m)	[rɛˈklɑmə kɑmˈpɑnjə]
gruppo (m) di riferimento	målgruppe (m/f)	[ˈmoːlˌɡrʉpə]
biglietto (m) da visita	visittkort (n)	[viˈsitˌkɔːt]
volantino (m)	reklameblad (n)	[rɛˈklɑməˌblɑ]
opuscolo (m)	brosjyre (m)	[brɔˈʂyrə]
pieghevole (m)	folder (m)	[ˈfɔlər]
bollettino (m)	nyhetsbrev (n)	[ˈnyhetsˌbrev]
insegna (f) (di negozi, ecc.)	skilt (n)	[ˈʂilt]
cartellone (m)	plakat, poster (m)	[ˈplɑˌkɑt], [ˈpɔstər]
tabellone (m) pubblicitario	reklameskilt (m/f)	[rɛˈklɑməˌʂilt]

78. Attività bancaria

banca (f)	bank (m)	[ˈbɑnk]
filiale (f)	avdeling (m)	[ˈɑvˌdeliŋ]
consulente (m)	konsulent (m)	[kʉnsʉˈlent]
direttore (m)	forstander (m)	[fɔˈʂtɑndər]
conto (m) bancario	bankkonto (m)	[ˈbɑnkˌkɔntʉ]
numero (m) del conto	kontonummer (n)	[ˈkɔntʉˌnʉmər]
conto (m) corrente	sjekkonto (m)	[ˈʂɛkˌkɔntʉ]
conto (m) di risparmio	sparekonto (m)	[ˈspɑrəˌkɔntʉ]
aprire un conto	å åpne en konto	[ɔ ˈɔpnə en ˈkɔntʉ]
chiudere il conto	å lukke kontoen	[ɔ ˈlʉkə ˈkɔntʉən]
versare sul conto	å sette inn på kontoen	[ɔ ˈsɛtə in pɔ ˈkɔntʉən]
prelevare dal conto	å ta ut fra kontoen	[ɔ ˈtɑ ʉt frɑ ˈkɔntʉən]
deposito (m)	innskudd (n)	[ˈinˌskʉd]
depositare (vt)	å sette inn	[ɔ ˈsɛtə in]
trasferimento (m) telegrafico	overføring (m/f)	[ˈɔvərˌføriŋ]

rimettere i soldi	å overføre	[ɔ 'ɔvərˌførə]
somma (f)	sum (m)	['sʉm]
Quanto?	Hvor mye?	[vʊr 'mye]
firma (f)	underskrift (m/f)	['ʉnəˌskrift]
firmare (vt)	å underskrive	[ɔ 'ʉnəˌskrivə]
carta (f) di credito	kredittkort (n)	[krɛ'ditˌkɔːt]
codice (m)	kode (m)	['kʊdə]
numero (m) della carta di credito	kreditkortnummer (n)	[krɛ'ditˌkɔːt 'nʉmər]
bancomat (m)	minibank (m)	['miniˌbank]
assegno (m)	sjekk (m)	['ʂɛk]
emettere un assegno	å skrive en sjekk	[ɔ 'skrivə en 'ʂɛk]
libretto (m) di assegni	sjekkbok (m/f)	['ʂɛkˌbʊk]
prestito (m)	lån (n)	['lɔn]
fare domanda per un prestito	å søke om lån	[ɔ ˌsøkə ɔm 'lɔn]
ottenere un prestito	å få lån	[ɔ 'fɔ 'lɔn]
concedere un prestito	å gi lån	[ɔ 'ji 'lɔn]
garanzia (f)	garanti (m)	[garan'ti]

79. Telefono. Conversazione telefonica

telefono (m)	telefon (m)	[tele'fʊn]
telefonino (m)	mobiltelefon (m)	[mʊ'bil tele'fʊn]
segreteria (f) telefonica	telefonsvarer (m)	[tele'fʊnˌsvarər]
telefonare (vi, vt)	å ringe	[ɔ 'riŋə]
chiamata (f)	telefonsamtale (m)	[tele'fʊn 'samˌtalə]
comporre un numero	å slå et nummer	[ɔ 'slɔ et 'nʉmər]
Pronto!	Hallo!	[ha'lʊ]
chiedere (domandare)	å spørre	[ɔ 'spørə]
rispondere (vi, vt)	å svare	[ɔ 'svarə]
udire (vt)	å høre	[ɔ 'hørə]
bene	godt	['gɔt]
male	dårlig	['dɔːli]
disturbi (m pl)	støy (m)	['støj]
cornetta (f)	telefonrør (n)	[tele'fʊnˌrør]
alzare la cornetta	å ta telefonen	[ɔ 'ta tele'fʊnən]
riattaccare la cornetta	å legge på røret	[ɔ 'legə pɔ 'rørə]
occupato (agg)	opptatt	['ɔpˌtat]
squillare (del telefono)	å ringe	[ɔ 'riŋə]
elenco (m) telefonico	telefonkatalog (m)	[tele'fʊn kata'lɔg]
locale (agg)	lokal-	[lɔ'kal-]
telefonata (f) urbana	lokalsamtale (m)	[lɔ'kal 'samˌtalə]
interurbano (agg)	riks-	['riks-]
telefonata (f) interurbana	rikssamtale (m)	['riks 'samˌtalə]

| internazionale (agg) | internasjonal | ['intɛːɳɑʂʉˌnɑl] |
| telefonata (f) internazionale | internasjonal samtale (m) | ['intɛːɳɑʂʉˌnɑl 'sɑmˌtɑlə] |

80. Telefono cellulare

| telefonino (m) | mobiltelefon (m) | [mʉ'bil teleˈfʊn] |
| schermo (m) | skjerm (m) | ['ʂærm] |

| tasto (m) | knapp (m) | ['knɑp] |
| scheda SIM (f) | SIM-kort (n) | ['simˌkɔːt] |

pila (f)	batteri (n)	[bɑtɛ'ri]
essere scarico	å bli utladet	[ɔ 'bli 'ʉtˌlɑdət]
caricabatteria (m)	lader (m)	['lɑdər]

menù (m)	meny (m)	[me'ny]
impostazioni (f pl)	innstillinger (m/f pl)	['inˌstiliŋər]
melodia (f)	melodi (m)	[melɔ'di]
scegliere (vt)	å velge	[ɔ 'vɛlgə]

calcolatrice (f)	regnemaskin (m)	['rɛjnə mɑˌʂin]
segreteria (f) telefonica	telefonsvarer (m)	[teleˈfʊnˌsvɑrər]
sveglia (f)	vekkerklokka (m/f)	['vɛkərˌklɔkɑ]
contatti (m pl)	kontakter (m pl)	[kʊn'tɑktər]

| messaggio (m) SMS | SMS-beskjed (m) | [ɛsɛm'ɛs bɛˌʂɛ] |
| abbonato (m) | abonnent (m) | [ɑbɔ'nɛnt] |

81. Articoli di cancelleria

| penna (f) a sfera | kulepenn (m) | ['kʉːləˌpɛn] |
| penna (f) stilografica | fyllepenn (m) | ['fʏləˌpɛn] |

matita (f)	blyant (m)	['blyˌɑnt]
evidenziatore (m)	merkepenn (m)	['mærkəˌpɛn]
pennarello (m)	tusjpenn (m)	['tʉʂˌpɛn]

| taccuino (m) | notatbok (m/f) | [nʊ'tɑtˌbʊk] |
| agenda (f) | dagbok (m/f) | ['dɑgˌbʊk] |

righello (m)	linjal (m)	[li'njɑl]
calcolatrice (f)	regnemaskin (m)	['rɛjnə mɑˌʂin]
gomma (f) per cancellare	viskelær (n)	['viskəˌlær]

| puntina (f) | tegnestift (m) | ['tæjnəˌstift] |
| graffetta (f) | binders (m) | ['bindɛʂ] |

| colla (f) | lim (n) | ['lim] |
| pinzatrice (f) | stiftemaskin (m) | ['stiftə mɑˌʂin] |

| perforatrice (f) | hullemaskin (m) | ['hʉlə mɑˌʂin] |
| temperamatite (m) | blyantspisser (m) | ['blyɑntˌspisər] |

82. Generi di attività commerciali

Italiano	Norvegese	Pronuncia
servizi (m pl) di contabilità	bokføringstjenester (m pl)	['bʉk̩føriŋs 'tjenɛstər]
pubblicità (f)	reklame (m)	[rɛ'klamə]
agenzia (f) pubblicitaria	reklamebyrå (n)	[rɛ'klamə by̩ro]
condizionatori (m pl) d'aria	klimaanlegg (n pl)	['klima'an̩leg]
compagnia (f) aerea	flyselskap (n)	['flysəl̩skap]
bevande (f pl) alcoliche	alkoholholdige drikke (m pl)	[alkʉ'hʉl̩holdiə 'drikə]
antiquariato (m)	antikviteter (m pl)	[antikvi'tetər]
galleria (f) d'arte	kunstgalleri (n)	['kʉnst gale'ri]
società (f) di revisione contabile	revisjonstjenester (m pl)	[revi'ʂʉns̩tjenɛstər]
imprese (f pl) bancarie	bankvirksomhet (m/f)	['baŋk̩virksɔmhet]
bar (m)	bar (m)	['bɑr]
salone (m) di bellezza	skjønnhetssalong (m)	['ʂønhɛts sa'lɔŋ]
libreria (f)	bokhandel (m)	['bʉk̩handəl]
birreria (f)	bryggeri (n)	[brygə'ri]
business centre (m)	forretningssenter (n)	[fɔ'rɛtniŋs̩sɛntər]
scuola (f) di commercio	handelsskole (m)	['handəls̩skʉlə]
casinò (m)	kasino (n)	[ka'sinʉ]
edilizia (f)	byggeri (m/f)	[bygə'ri]
consulenza (f)	konsulenttjenester (m pl)	[kʉnsu'lent ̩tjenɛstər]
odontoiatria (f)	tannklinik (m)	['tankli'nik]
design (m)	design (m)	['desajn]
farmacia (f)	apotek (n)	[apʉ'tek]
lavanderia (f) a secco	renseri (n)	[rɛnse'ri]
agenzia (f) di collocamento	rekrutteringsbyrå (n)	['rekrʉ̩teriŋs by̩ro]
servizi (m pl) finanziari	finansielle tjenester (m pl)	[finan'sielə ̩tjenɛstər]
industria (f) alimentare	matvarer (m/f pl)	['mat̩varər]
agenzia (f) di pompe funebri	begravelsesbyrå (n)	[be'gravəlsəs by̩ro]
mobili (m pl)	møbler (n pl)	['møblər]
abbigliamento (m)	klær (n)	['klær]
albergo, hotel (m)	hotell (n)	[hʉ'tɛl]
gelato (m)	iskrem (m)	['iskrɛm]
industria (f)	industri (m)	[indʉ'stri]
assicurazione (f)	forsikring (m/f)	[fɔ'ʂikriŋ]
internet (f)	Internett (n)	['intə̩nɛt]
investimenti (m pl)	investering (m/f)	[inve'steriŋ]
gioielliere (m)	juveler (m)	[jʉ'velər]
gioielli (m pl)	smykker (n pl)	['smʏkər]
lavanderia (f)	vaskeri (n)	[vaske'ri]
consulente (m) legale	juridisk rådgiver (m pl)	[jʉ'ridisk 'rɔdjivər]
industria (f) leggera	lettindustri (m)	['let̩indʉ'stri]
rivista (f)	magasin, tidsskrift (n)	[maga'sin], ['tid̩skrift]
vendite (f pl) per corrispondenza	postordresalg (m)	['pɔst̩ɔrdrə'salg]
medicina (f)	medisin (m)	[medi'sin]

cinema (m)	kino (m)	['çinʉ]
museo (m)	museum (n)	[mʉ'seum]
agenzia (f) di stampa	nyhetsbyrå (n)	['nyhets by‚ro]
giornale (m)	avis (m/f)	[ɑ'vis]
locale notturno (m)	nattklubb (m)	['nɑt‚klʉb]
petrolio (m)	olje (m)	['ɔljə]
corriere (m) espresso	budtjeneste (m)	[bʉd'tjenɛstə]
farmaci (m pl)	legemidler (pl)	['legə'midlər]
stampa (f) (~ di libri)	trykkeri (n)	[trykə'ri]
casa (f) editrice	forlag (n)	['fɔ:lɑg]
radio (f)	radio (m)	['rɑdiʉ]
beni (m pl) immobili	fast eiendom (m)	[‚fɑst 'æjən‚dɔm]
ristorante (m)	restaurant (m)	[rɛstʉ'rɑŋ]
agenzia (f) di sicurezza	sikkerhetsselskap (n)	['sikərhɛts 'sel‚skɑp]
sport (m)	sport, idrett (m)	['spɔ:t], ['idrɛt]
borsa (f)	børs (m)	['bœʂ]
negozio (m)	forretning, butikk (m)	[fɔ'rɛtniŋ], [bʉ'tik]
supermercato (m)	supermarked (n)	['sʉpə‚mɑrket]
piscina (f)	svømmebasseng (n)	['svœmə‚bɑ'sɛŋ]
sartoria (f)	skredderi (n)	[skrɛde'ri]
televisione (f)	televisjon (m)	['televi‚ʂʉn]
teatro (m)	teater (n)	[te'ɑtər]
commercio (m)	handel (m)	['hɑndəl]
mezzi (m pl) di trasporto	transport (m)	[trɑns'pɔ:t]
viaggio (m)	turisme (m)	[tʉ'rismə]
veterinario (m)	dyrlege, veterinær (m)	['dyr‚legə], [veteri'nær]
deposito, magazzino (m)	lager (n)	['lɑgər]
trattamento (m) dei rifiuti	avfallstømming (m/f)	['ɑvfɑls‚tømiŋ]

Lavoro. Affari. Parte 2

83. Spettacolo. Mostra

fiera (f)	messe (m/f)	['mɛsə]
fiera (f) campionaria	varemesse (m/f)	['varə‚mɛsə]
partecipazione (f)	deltagelse (m)	['del‚tagəlsə]
partecipare (vi)	å delta	[ɔ 'dɛlta]
partecipante (m)	deltaker (m)	['del‚takər]
direttore (m)	direktør (m)	[dirɛk'tør]
ufficio (m) organizzativo	arrangørkontor (m)	[araŋ'ʂør kʉn'tʉr]
organizzatore (m)	arrangør (m)	[araŋ'ʂør]
organizzare (vt)	å organisere	[ɔ ɔrgani'serə]
domanda (f) di partecipazione	påmeldingsskjema (n)	['pɔmeliŋs‚ʂɛma]
riempire (vt)	å utfylle	[ɔ 'ʉt‚fylə]
dettagli (m pl)	detaljer (m pl)	[de'taljər]
informazione (f)	informasjon (m)	[infɔrma'ʂʉn]
prezzo (m)	pris (m)	['pris]
incluso (agg)	inklusive	['inklʉ‚sivə]
includere (vt)	å inkludere	[ɔ inklʉ'derə]
pagare (vi, vt)	å betale	[ɔ be'talə]
quota (f) d'iscrizione	registreringsavgift (m/f)	[rɛgi'strɛriŋs av'jift]
entrata (f)	inngang (m)	['in‚gaŋ]
padiglione (m)	paviljong (m)	[pavi'ljɔŋ]
registrare (vt)	å registrere	[ɔ regi'strerə]
tesserino (m)	badge (n)	['bædʒ]
stand (m)	messestand (m)	['mɛsə‚stan]
prenotare (riservare)	å reservere	[ɔ resɛr'verə]
vetrina (f)	glassmonter (m)	['glas‚mɔntər]
faretto (m)	lampe (m/f), spotlys (n)	['lampə], ['spɔt‚lys]
design (m)	design (m)	['desajn]
collocare (vt)	å plassere	[ɔ pla'serə]
collocarsi (vr)	å bli plasseret	[ɔ 'bli pla'serət]
distributore (m)	distributør (m)	[distribʉ'tør]
fornitore (m)	leverandør (m)	[levəran'dør]
fornire (vt)	å levere	[ɔ le'verə]
paese (m)	land (n)	['lan]
straniero (agg)	utenlandsk	['ʉtən‚lansk]
prodotto (m)	produkt (n)	[prʉ'dʉkt]
associazione (f)	forening (m/f)	[fɔ'reniŋ]
sala (f) conferenze	konferansesal (m)	[kʉnfə'ransə‚sal]

| congresso (m) | kongress (m) | [kʊn'grɛs] |
| concorso (m) | tevling (m) | ['tɛvliŋ] |

visitatore (m)	besøkende (m)	[be'søkene]
visitare (vt)	å besøke	[ɔ be'søke]
cliente (m)	kunde (m)	['kʉnde]

84. Scienza. Ricerca. Scienziati

scienza (f)	vitenskap (m)	['viten͵skɑp]
scientifico (agg)	vitenskapelig	['viten͵skɑpeli]
scienziato (m)	vitenskapsmann (m)	['viten͵skɑps mɑn]
teoria (f)	teori (m)	[teʉ'ri]

assioma (m)	aksiom (n)	[ɑksi'ɔm]
analisi (f)	analyse (m)	[ɑnɑ'lyse]
analizzare (vt)	å analysere	[ɔ ɑnɑly'sere]
argomento (m)	argument (n)	[ɑrgʉ'mɛnt]
sostanza, materia (f)	stoff (n), substans (m)	['stɔf], [sʉb'stɑns]

ipotesi (f)	hypotese (m)	[hypʉ'tese]
dilemma (m)	dilemma (n)	[di'lemɑ]
tesi (f)	avhandling (m/f)	['ɑv͵hɑndliŋ]
dogma (m)	dogme (n)	['dɔgme]

dottrina (f)	doktrine (m)	[dɔk'trine]
ricerca (f)	forskning (m)	['fɔːʂkniŋ]
fare ricerche	å forske	[ɔ 'fɔːʂke]
prova (f)	test (m), prøve (m/f)	['tɛst], ['prøve]
laboratorio (m)	laboratorium (n)	[lɑbʉrɑ'tɔrium]

metodo (m)	metode (m)	[me'tode]
molecola (f)	molekyl (n)	[mʉle'kyl]
monitoraggio (m)	overvåking (m/f)	['ɔver͵vɔkiŋ]
scoperta (f)	oppdagelse (m)	['ɔp͵dɑgelse]

postulato (m)	postulat (n)	[pɔstʉ'lɑt]
principio (m)	prinsipp (n)	[prin'sip]
previsione (f)	prognose (m)	[prʊg'nʉse]
fare previsioni	å prognostisere	[ɔ prʊgnʊsti'sere]

sintesi (f)	syntese (m)	[syn'tese]
tendenza (f)	tendens (m)	[tɛn'dɛns]
teorema (m)	teorem (n)	[teʉ'rɛm]

insegnamento (m)	lære (m/f pl)	['lære]
fatto (m)	faktum (n)	['fɑktum]
spedizione (f)	ekspedisjon (m)	[ɛkspedi'ʂʊn]
esperimento (m)	eksperiment (n)	[ɛksperi'mɛnt]

accademico (m)	akademiker (m)	[ɑkɑ'demiker]
laureato (m)	bachelor (m)	['bɑtʂelɔr]
dottore (m)	doktor (m)	['dɔktʉr]
professore (m) associato	dosent (m)	[dʉ'sɛnt]

| Master (m) | magister (m) | [mɑˈgistər] |
| professore (m) | professor (m) | [prʊˈfɛsʊr] |

Professioni e occupazioni

85. Ricerca di un lavoro. Licenziamento

lavoro (m)	arbeid (n), jobb (m)	['arbæj], ['job]
organico (m)	ansatte (pl)	['an‚satə]
personale (m)	personale (n)	[pæşu'nalə]
carriera (f)	karriere (m)	[kari'ɛrə]
prospettiva (f)	utsikter (m pl)	['ʉt‚siktər]
abilità (f pl)	mesterskap (n)	['mɛstæ‚şkap]
selezione (f) (~ del personale)	utvelgelse (m)	['ʉt‚vɛlgəlsə]
agenzia (f) di collocamento	rekrutteringsbyrå (n)	['rekrʉ‚teriŋgs by‚ro]
curriculum vitae (f)	CV (m/n)	['sɛvɛ]
colloquio (m)	jobbintervju (n)	['job ‚intər'vjʉ]
posto (m) vacante	vakanse (m)	['vakansə]
salario (m)	lønn (m/f)	['lœn]
stipendio (m) fisso	fastlønn (m/f)	['fast‚lœn]
compenso (m)	betaling (m/f)	[be'taliŋ]
carica (f), funzione (f)	stilling (m/f)	['stiliŋ]
mansione (f)	plikt (m/f)	['plikt]
mansioni (f pl) di lavoro	arbeidsplikter (m/f pl)	['arbæjds‚pliktər]
occupato (agg)	opptatt	['ɔp‚tat]
licenziare (vt)	å avskjedige	[ɔ 'af‚şedigə]
licenziamento (m)	avskjedigelse (m)	['afşe‚digəlsə]
disoccupazione (f)	arbeidsløshet (m)	['arbæjdsløs‚het]
disoccupato (m)	arbeidsløs (m)	['arbæjds‚løs]
pensionamento (m)	pensjon (m)	[pan'şun]
andare in pensione	å gå av med pensjon	[ɔ 'gɔ ɑ: me pan'şun]

86. Gente d'affari

direttore (m)	direktør (m)	[dirɛk'tør]
dirigente (m)	forstander (m)	[fɔ'ştandər]
capo (m)	boss (m)	['bɔs]
superiore (m)	overordnet (m)	['ɔvər‚ɔrdnet]
capi (m pl)	overordnede (pl)	['ɔvər‚ɔrdnedə]
presidente (m)	president (m)	[prɛsi'dɛnt]
presidente (m) (impresa)	styreformann (m)	['styrə‚fɔrman]
vice (m)	stedfortreder (m)	['stedfɔ:‚tredər]
assistente (m)	assistent (m)	[asi'stɛnt]

| segretario (m) | sekretær (m) | [sɛkrə'tær] |
| assistente (m) personale | privatsekretær (m) | [pri'vɑt sɛkrə'tær] |

uomo (m) d'affari	forretningsmann (m)	[fɔ'rɛtniŋsˌmɑn]
imprenditore (m)	entreprenør (m)	[ɛntreprə'nør]
fondatore (m)	grunnlegger (m)	['grʉnˌlegər]
fondare (vt)	å grunnlegge, å stifte	[ɔ 'grʉnˌlegə], [ɔ 'stiftə]

socio (m)	stifter (m)	['stiftər]
partner (m)	partner (m)	['pɑːʈnər]
azionista (m)	aksjonær (m)	[ɑkʂʉ'nær]

milionario (m)	millionær (m)	[milju'nær]
miliardario (m)	milliardær (m)	[miljaː'dær]
proprietario (m)	eier (m)	['æjər]
latifondista (m)	jordeier (m)	['juːrˌæjər]

cliente (m) (di professionista)	kunde (m)	['kʉndə]
cliente (m) abituale	fast kunde (m)	[ˌfɑst 'kʉndə]
compratore (m)	kjøper (m)	['çœːpər]
visitatore (m)	besøkende (m)	[be'søkenə]

professionista (m)	yrkesmann (m)	['yrkəsˌmɑn]
esperto (m)	ekspert (m)	[ɛks'pæːt]
specialista (m)	spesialist (m)	[spesiɑ'list]

| banchiere (m) | bankier (m) | [bɑnki'e] |
| broker (m) | mekler, megler (m) | ['mɛklər] |

cassiere (m)	kasserer (m)	[kɑ'serər]
contabile (m)	regnskapsfører (m)	['rɛjnskɑpsˌførər]
guardia (f) giurata	sikkerhetsvakt (m/f)	['sikərhɛtsˌvɑkt]

investitore (m)	investor (m)	[in'vɛstʉr]
debitore (m)	skyldner (m)	['ʂylnər]
creditore (m)	kreditor (m)	['krɛditʉr]
mutuatario (m)	låntaker (m)	['lɔnˌtɑkər]

| importatore (m) | importør (m) | [impɔː'tør] |
| esportatore (m) | eksportør (m) | [ɛkspɔː'tør] |

produttore (m)	produsent (m)	[prʉdʉ'sɛnt]
distributore (m)	distributør (m)	[distribʉ'tør]
intermediario (m)	mellommann (m)	['mɛlɔˌmɑn]

consulente (m)	konsulent (m)	[kʉnsʉ'lent]
rappresentante (m)	representant (m)	[represɛn'tɑnt]
agente (m)	agent (m)	[ɑ'gɛnt]
assicuratore (m)	forsikringsagent (m)	[fɔ'ʂikriŋs ɑ'gɛnt]

87. Professioni amministrative

| cuoco (m) | kokk (m) | ['kʉk] |
| capocuoco (m) | sjefkokk (m) | ['ʂɛfˌkʉk] |

T&P Books. Vocabolario Italiano-Norvegese per studio autodidattico - 5000 parole

fornaio (m)	baker (m)	['bakər]
barista (m)	bartender (m)	['bɑːˌtɛndər]
cameriere (m)	servitør (m)	['særviˈtør]
cameriera (f)	servitrise (m/f)	[særviˈtrisə]

avvocato (m)	advokat (m)	[advʊˈkɑt]
esperto (m) legale	jurist (m)	[jʉˈrist]
notaio (m)	notar (m)	[nʊˈtɑr]

elettricista (m)	elektriker (m)	[ɛˈlektrikər]
idraulico (m)	rørlegger (m)	[ˈrørˌlegər]
falegname (m)	tømmermann (m)	[ˈtœmərˌmɑn]

massaggiatore (m)	massør (m)	[mɑˈsør]
massaggiatrice (f)	massøse (m)	[mɑˈsøsə]
medico (m)	lege (m)	[ˈlegə]

taxista (m)	taxisjåfør (m)	[ˈtɑksi ʂɔˈfør]
autista (m)	sjåfør (m)	[ʂɔˈfør]
fattorino (m)	bud (n)	[ˈbʉd]

cameriera (f)	stuepike (m/f)	[ˈstʉəˌpikə]
guardia (f) giurata	sikkerhetsvakt (m/f)	[ˈsikərhɛtsˌvɑkt]
hostess (f)	flyvertinne (m/f)	[flyvɛːˈtinə]

insegnante (m, f)	lærer (m)	[ˈlærər]
bibliotecario (m)	bibliotekar (m)	[bibliʊˈtekɑr]
traduttore (m)	oversetter (m)	[ˈɔvəˌsɛtər]
interprete (m)	tolk (m)	[ˈtɔlk]
guida (f)	guide (m)	[ˈgɑjd]

parrucchiere (m)	frisør (m)	[friˈsør]
postino (m)	postbud (n)	[ˈpɔstˌbʉd]
commesso (m)	forselger (m)	[fɔˈsɛlər]

giardiniere (m)	gartner (m)	[ˈgɑːtnər]
domestico (m)	tjener (m)	[ˈtjenər]
domestica (f)	tjenestepike (m/f)	[ˈtjenɛstəˌpikə]
donna (f) delle pulizie	vaskedame (m/f)	[ˈvɑskəˌdɑmə]

88. Professioni militari e gradi

soldato (m) semplice	menig (m)	[ˈmeni]
sergente (m)	sersjant (m)	[særˈʂɑnt]
tenente (m)	løytnant (m)	[ˈløjtˌnɑnt]
capitano (m)	kaptein (m)	[kɑpˈtæjn]

maggiore (m)	major (m)	[mɑˈjɔr]
colonnello (m)	oberst (m)	[ˈʊbɛʂt]
generale (m)	general (m)	[geneˈrɑl]
maresciallo (m)	marskalk (m)	[ˈmɑrʂɑl]
ammiraglio (m)	admiral (m)	[ɑdmiˈrɑl]
militare (m)	militær (m)	[miliˈtær]
soldato (m)	soldat (m)	[sʊlˈdɑt]

| ufficiale (m) | offiser (m) | [ɔfi'sɛr] |
| comandante (m) | befalshaver (m) | [be'fals͵havər] |

guardia (f) di frontiera	grensevakt (m/f)	['grɛnsə͵vakt]
marconista (m)	radiooperatør (m)	['radiʉ ʉpəra'tør]
esploratore (m)	oppklaringssoldat (m)	['ɔp͵klariŋ sʉl'dat]
geniere (m)	pioner (m)	[piʉ'ner]
tiratore (m)	skytter (m)	['ṣytər]
navigatore (m)	styrmann (m)	['styr͵man]

89. Funzionari. Sacerdoti

| re (m) | konge (m) | ['kʉŋə] |
| regina (f) | dronning (m/f) | ['drɔniŋ] |

| principe (m) | prins (m) | ['prins] |
| principessa (f) | prinsesse (m/f) | [prin'sɛsə] |

| zar (m) | tsar (m) | ['tsar] |
| zarina (f) | tsarina (m) | [tsa'rina] |

presidente (m)	president (m)	[prɛsi'dɛnt]
ministro (m)	minister (m)	[mi'nistər]
primo ministro (m)	statsminister (m)	['stats mi'nistər]
senatore (m)	senator (m)	[se'natʉr]

diplomatico (m)	diplomat (m)	[diplʉ'mat]
console (m)	konsul (m)	['kʉn͵sʉl]
ambasciatore (m)	ambassadør (m)	[ambasa'dør]
consigliere (m)	rådgiver (m)	['rɔdˌjivər]

funzionario (m)	embetsmann (m)	['ɛmbets͵man]
prefetto (m)	prefekt (m)	[prɛ'fɛkt]
sindaco (m)	borgermester (m)	[bɔrgər'mɛstər]

| giudice (m) | dommer (m) | ['dɔmər] |
| procuratore (m) | anklager (m) | ['an͵klagər] |

missionario (m)	misjonær (m)	[miṣʉ'nær]
monaco (m)	munk (m)	['mʉnk]
abate (m)	abbed (m)	['abed]
rabbino (m)	rabbiner (m)	[ra'binər]

visir (m)	vesir (m)	[vɛ'sir]
scià (m)	sjah (m)	['ṣa]
sceicco (m)	sjeik (m)	['ṣæjk]

90. Professioni agricole

apicoltore (m)	birøkter (m)	['bi͵røktər]
pastore (m)	gjeter, hyrde (m)	['jetər], ['hyrdə]
agronomo (m)	agronom (m)	[agrʉ'nʉm]

allevatore (m) di bestiame	husdyrholder (m)	['hʉsdyrˌhɔldər]
veterinario (m)	dyrlege, veterinær (m)	['dyrˌlegə], [vetəri'nær]
fattore (m)	gårdbruker, bonde (m)	['gɔːrˌbrʉkər], ['bɔnə]
vinificatore (m)	vinmaker (m)	['vinˌmakər]
zoologo (m)	zoolog (m)	[sʊː'lɔg]
cowboy (m)	cowboy (m)	['kawˌbɔj]

91. Professioni artistiche

attore (m)	skuespiller (m)	['skʉəˌspilər]
attrice (f)	skuespillerinne (m/f)	['skʉəˌspilə'rinə]
cantante (m)	sanger (m)	['saŋər]
cantante (f)	sangerinne (m/f)	[saŋə'rinə]
danzatore (m)	danser (m)	['dansər]
ballerina (f)	danserinne (m/f)	[danse'rinə]
artista (m)	skuespiller (m)	['skʉəˌspilər]
artista (f)	skuespillerinne (m/f)	['skʉəˌspilə'rinə]
musicista (m)	musiker (m)	['mʉsikər]
pianista (m)	pianist (m)	[pia'nist]
chitarrista (m)	gitarspiller (m)	[gi'tarˌspilər]
direttore (m) d'orchestra	dirigent (m)	[diri'gɛnt]
compositore (m)	komponist (m)	[kʊmpʉ'nist]
impresario (m)	impresario (m)	[impre'sariʉ]
regista (m)	regissør (m)	[rɛṣi'sør]
produttore (m)	produsent (m)	[prʉdʉ'sɛnt]
sceneggiatore (m)	manusforfatter (m)	['manʉs for'fatər]
critico (m)	kritiker (m)	['kritikər]
scrittore (m)	forfatter (m)	[fɔr'fatər]
poeta (m)	poet, dikter (m)	['pɔɛt], ['diktər]
scultore (m)	skulptør (m)	[skʉlp'tør]
pittore (m)	kunstner (m)	['kʉnstnər]
giocoliere (m)	sjonglør (m)	[ṣɔŋ'lør]
pagliaccio (m)	klovn (m)	['klɔvn]
acrobata (m)	akrobat (m)	[akrʊ'bat]
prestigiatore (m)	tryllekunstner (m)	['trylǝˌkʉnstnər]

92. Professioni varie

medico (m)	lege (m)	['legə]
infermiera (f)	sykepleierske (m/f)	['sykəˌplæjęṣkə]
psichiatra (m)	psykiater (m)	[syki'atər]
dentista (m)	tannlege (m)	['tanˌlegə]
chirurgo (m)	kirurg (m)	[çi'rʉrg]

astronauta (m)	astronaut (m)	[astrʉ'naʊt]
astronomo (m)	astronom (m)	[astrʉ'nʊm]
autista (m)	fører (m)	['fører]
macchinista (m)	lokfører (m)	['lʊkˌfører]
meccanico (m)	mekaniker (m)	[me'kanikər]
minatore (m)	gruvearbeider (m)	['grʉvə'arˌbæjdər]
operaio (m)	arbeider (m)	['arˌbæjdər]
operaio (m) metallurgico	låsesmed (m)	['loːsəˌsme]
falegname (m)	snekker (m)	['snɛkər]
tornitore (m)	dreier (m)	['dræjər]
operaio (m) edile	bygningsarbeider (m)	['bygniŋs 'arˌbæjər]
saldatore (m)	sveiser (m)	['svæjsər]
professore (m)	professor (m)	[prʉ'fɛsʊr]
architetto (m)	arkitekt (m)	[arki'tɛkt]
storico (m)	historiker (m)	[hi'stʊrikər]
scienziato (m)	vitenskapsmann (m)	['vitənˌskaps man]
fisico (m)	fysiker (m)	['fysikər]
chimico (m)	kjemiker (m)	['çemikər]
archeologo (m)	arkeolog (m)	[ˌarkeʊ'lɔg]
geologo (m)	geolog (m)	[geʊ'lɔg]
ricercatore (m)	forsker (m)	['fɔşkər]
baby-sitter (m, f)	babysitter (m)	['bɛbyˌsitər]
insegnante (m, f)	lærer, pedagog (m)	[lærər], [peda'gɔg]
redattore (m)	redaktør (m)	[rɛdak'tør]
redattore capo (m)	sjefredaktør (m)	['şɛf rɛdak'tør]
corrispondente (m)	korrespondent (m)	[kʊrespɔn'dɛnt]
dattilografa (f)	maskinskriverske (m)	[ma'şin ˌskrivɛşkə]
designer (m)	designer (m)	[de'sajnər]
esperto (m) informatico	dataekspert (m)	['data ɛks'pɛːt]
programmatore (m)	programmerer (m)	[prʊgra'merər]
ingegnere (m)	ingeniør (m)	[inşə'njør]
marittimo (m)	sjømann (m)	['şøˌman]
marinaio (m)	matros (m)	[ma'trʊs]
soccorritore (m)	redningsmann (m)	['rɛdniŋsˌman]
pompiere (m)	brannmann (m)	['branˌman]
poliziotto (m)	politi (m)	[pʊli'ti]
guardiano (m)	nattvakt (m)	['natˌvakt]
detective (m)	detektiv (m)	[detɛk'tiv]
doganiere (m)	tollbetjent (m)	['tɔlbeˌtjɛnt]
guardia (f) del corpo	livvakt (m/f)	['livˌvakt]
guardia (f) carceraria	fangevokter (m)	['faŋəˌvoktər]
ispettore (m)	inspektør (m)	[inspɛk'tør]
sportivo (m)	idrettsmann (m)	['idrɛtsˌman]
allenatore (m)	trener (m)	['trenər]
macellaio (m)	slakter (m)	['şlaktər]

calzolaio (m)	skomaker (m)	['skuˌmakər]
uomo (m) d'affari	handelsmann (m)	['handəlsˌman]
caricatore (m)	lastearbeider (m)	['lastə'arˌbæjdər]
stilista (m)	moteskaper (m)	['mutəˌskapər]
modella (f)	modell (m)	[mu'dɛl]

93. Attività lavorative. Condizione sociale

scolaro (m)	skolegutt (m)	['skuləˌgʉt]
studente (m)	student (m)	[stʉ'dɛnt]
filosofo (m)	filosof (m)	[filu'sʊf]
economista (m)	økonom (m)	[økʉ'nʊm]
inventore (m)	oppfinner (m)	['ɔpˌfinər]
disoccupato (m)	arbeidsløs (m)	['arbæjdsˌløs]
pensionato (m)	pensjonist (m)	[panʂʊ'nist]
spia (f)	spion (m)	[spi'un]
detenuto (m)	fange (m)	['faŋə]
scioperante (m)	streiker (m)	['stræjkər]
burocrate (m)	byråkrat (m)	[byrɔ'krat]
viaggiatore (m)	reisende (m)	['ræjsenə]
omosessuale (m)	homofil (m)	['humʊˌfil]
hacker (m)	hacker (m)	['hakər]
hippy (m, f)	hippie (m)	['hipi]
bandito (m)	banditt (m)	[ban'dit]
sicario (m)	leiemorder (m)	['læjəˌmurdər]
drogato (m)	narkoman (m)	[narkʉ'man]
trafficante (m) di droga	narkolanger (m)	['narkɔˌlaŋər]
prostituta (f)	prostituert (m)	[prʊstitʉ'eːt]
magnaccia (m)	hallik (m)	['halik]
stregone (m)	trollmann (m)	['trɔlˌman]
strega (f)	trollkjerring (m/f)	['trɔlˌçæriŋ]
pirata (m)	pirat, sjørøver (m)	[pi'rat], ['ʂøˌrøvər]
schiavo (m)	slave (m)	['slavə]
samurai (m)	samurai (m)	[samʉ'raj]
selvaggio (m)	villmann (m)	['vilˌman]

Istruzione

94. Scuola

scuola (f)	skole (m/f)	['skʉlə]
direttore (m) di scuola	rektor (m)	['rektʉr]
allievo (m)	elev (m)	[e'lev]
allieva (f)	elev (m)	[e'lev]
scolaro (m)	skolegutt (m)	['skʉlə͵gʉt]
scolara (f)	skolepike (m)	['skʉlə͵pikə]
insegnare (qn)	å undervise	[ɔ 'ʉnər͵visə]
imparare (una lingua)	å lære	[ɔ 'lærə]
imparare a memoria	å lære utenat	[ɔ 'lærə 'ʉtənɑt]
studiare (vi)	å lære	[ɔ 'lærə]
frequentare la scuola	å gå på skolen	[ɔ 'gɔ pɔ 'skʉlən]
andare a scuola	å gå på skolen	[ɔ 'gɔ pɔ 'skʉlən]
alfabeto (m)	alfabet (n)	[ɑlfɑ'bet]
materia (f)	fag (n)	['fɑg]
classe (f)	klasserom (m/f)	['klɑsə͵rʊm]
lezione (f)	time (m)	['timə]
ricreazione (f)	frikvarter (n)	['frikvɑːˌtər]
campanella (f)	skoleklokke (m/f)	['skʉlə͵klɔkə]
banco (m)	skolepult (m)	['skʉlə͵pʉlt]
lavagna (f)	tavle (m/f)	['tɑvlə]
voto (m)	karakter (m)	[kɑrɑk'ter]
voto (m) alto	god karakter (m)	['gʊ kɑrɑk'ter]
voto (m) basso	dårlig karakter (m)	['dɔːļi kɑrɑk'ter]
dare un voto	å gi en karakter	[ɔ 'ji en kɑrɑk'ter]
errore (m)	feil (m)	['fæjl]
fare errori	å gjøre feil	[ɔ 'jørə ͵fæjl]
correggere (vt)	å rette	[ɔ 'rɛtə]
bigliettino (m)	fuskelapp (m)	['fʉskə͵lɑp]
compiti (m pl)	lekser (m/f pl)	['leksər]
esercizio (m)	øvelse (m)	['øvəlsə]
essere presente	å være til stede	[ɔ 'værə til 'stedə]
essere assente	å være fraværende	[ɔ 'værə 'frɑ͵værənə]
mancare le lezioni	å skulke skolen	[ɔ 'skʉlkə 'skʉlən]
punire (vt)	å straffe	[ɔ 'strɑfə]
punizione (f)	straff, avstraffelse (m)	['strɑf], ['ɑf͵strɑfəlsə]
comportamento (m)	oppførsel (m)	['ɔp͵fœʂəl]

pagella (f)	karakterbok (m/f)	[karak'ter.bʉk]
matita (f)	blyant (m)	['bly.ant]
gomma (f) per cancellare	viskelær (n)	['viskə.lær]
gesso (m)	kritt (n)	['krit]
astuccio (m) portamatite	pennal (n)	[pɛ'nal]
cartella (f)	skoleveske (m/f)	['skʉlə.vɛskə]
penna (f)	penn (m)	['pɛn]
quaderno (m)	skrivebok (m/f)	['skrivə.bʉk]
manuale (m)	lærebok (m/f)	['lærə.bʉk]
compasso (m)	passer (m)	['pasər]
disegnare (tracciare)	å tegne	[ɔ 'tæjnə]
disegno (m) tecnico	teknisk tegning (m/f)	['tɛknisk ˌtæjniŋ]
poesia (f)	dikt (n)	['dikt]
a memoria	utenat	['ʉtən.at]
imparare a memoria	å lære utenat	[ɔ 'lærə 'ʉtənat]
vacanze (f pl) scolastiche	skoleferie (m)	['skʉlə.fɛriə]
essere in vacanza	å være på ferie	[ɔ 'værə pɔ 'fɛriə]
passare le vacanze	å tilbringe ferien	[ɔ 'til.briŋə 'fɛriən]
prova (f) scritta	prøve (m/f)	['prøvə]
composizione (f)	essay (n)	[ɛ'sɛj]
dettato (m)	diktat (m)	[dik'tat]
esame (m)	eksamen (m)	[ɛk'samən]
sostenere un esame	å ta eksamen	[ɔ 'ta ɛk'samən]
esperimento (m)	forsøk (n)	['fɔ'søk]

95. Istituto superiore. Università

accademia (f)	akademi (n)	[akade'mi]
università (f)	universitet (n)	[ʉnivæʂi'tet]
facoltà (f)	fakultet (n)	[fakʉl'tet]
studente (m)	student (m)	[stʉ'dɛnt]
studentessa (f)	kvinnelig student (m)	['kvinəli stʉ'dɛnt]
docente (m, f)	lærer, foreleser (m)	['lærər], ['fʉrə.lesər]
aula (f)	auditorium (n)	[ˌaʉdi'tʉrium]
diplomato (m)	alumn (m)	[a'lʉmn]
diploma (m)	diplom (n)	[di'plʉm]
tesi (f)	avhandling (m/f)	['av.handliŋ]
ricerca (f)	studie (m)	['stʉdiə]
laboratorio (m)	laboratorium (n)	[labʉra'tɔrium]
lezione (f)	forelesning (m)	['fɔrə.lesniŋ]
compagno (m) di corso	studiekamerat (m)	['stʉdiə kame.rat]
borsa (f) di studio	stipendium (n)	[sti'pɛndium]
titolo (m) accademico	akademisk grad (m)	[aka'demisk ˌgrad]

96. Scienze. Discipline

matematica (f)	matematikk (m)	[matəma'tik]
algebra (f)	algebra (m)	['algə‚bra]
geometria (f)	geometri (m)	[geʉme'tri]
astronomia (f)	astronomi (m)	[astrʉnʉ'mi]
biologia (f)	biologi (m)	[biʉlʉ'gi]
geografia (f)	geografi (m)	[geʉgra'fi]
geologia (f)	geologi (m)	[geʉlʉ'gi]
storia (f)	historie (m/f)	[hi'stʉriə]
medicina (f)	medisin (m)	[medi'sin]
pedagogia (f)	pedagogikk (m)	[pedagʉ'gik]
diritto (m)	rett (m)	['rɛt]
fisica (f)	fysikk (m)	[fy'sik]
chimica (f)	kjemi (m)	[çe'mi]
filosofia (f)	filosofi (m)	[filʉsʉ'fi]
psicologia (f)	psykologi (m)	[sikʉlʉ'gi]

97. Sistema di scrittura. Ortografia

grammatica (f)	grammatikk (m)	[grama'tik]
lessico (m)	ordforråd (n)	['uːrfʉ‚rɔd]
fonetica (f)	fonetikk (m)	[fʉne'tik]
sostantivo (m)	substantiv (n)	['sʉbstan‚tiv]
aggettivo (m)	adjektiv (n)	['adjɛk‚tiv]
verbo (m)	verb (n)	['værb]
avverbio (m)	adverb (n)	[ad'væːb]
pronome (m)	pronomen (n)	[prʉ'nʉmən]
interiezione (f)	interjeksjon (m)	[interjɛk'ʂʉn]
preposizione (f)	preposisjon (m)	[prɛpʉsi'ʂʉn]
radice (f)	rot (m/f)	['rʉt]
desinenza (f)	endelse (m)	['ɛnəlsə]
prefisso (m)	prefiks (n)	[prɛ'fiks]
sillaba (f)	stavelse (m)	['stavəlsə]
suffisso (m)	suffiks (n)	[sʉ'fiks]
accento (m)	betoning (m), trykk (n)	['be'tɔniŋ], ['trʏk]
apostrofo (m)	apostrof (m)	[apʉ'strɔf]
punto (m)	punktum (n)	['pʉnktum]
virgola (f)	komma (n)	['kɔma]
punto (m) e virgola	semikolon (n)	[‚semikʉ'lɔn]
due punti	kolon (n)	['kʉlɔn]
puntini di sospensione	tre prikker (m pl)	['tre 'prikər]
punto (m) interrogativo	spørsmålstegn (n)	['spœʂmols‚tæjn]
punto (m) esclamativo	utropstegn (n)	['ʉtrʉps‚tæjn]

virgolette (f pl)	anførselstegn (n pl)	[an'fœşɛls,tejn]
tra virgolette	i anførselstegn	[i an'fœşɛls,tejn]
parentesi (f pl)	parentes (m)	[parɛn'tes]
tra parentesi	i parentes	[i parɛn'tes]
trattino (m)	bindestrek (m)	['binə,strek]
lineetta (f)	tankestrek (m)	['tankə,strek]
spazio (m) (tra due parole)	mellomrom (n)	['mɛlɔm,rʊm]
lettera (f)	bokstav (m)	['bʊkstav]
lettera (f) maiuscola	stor bokstav (m)	['stʊr 'bʊkstav]
vocale (f)	vokal (m)	[vʊ'kal]
consonante (f)	konsonant (m)	[kʊnsʊ'nant]
proposizione (f)	setning (m)	['sɛtniŋ]
soggetto (m)	subjekt (n)	[sʊb'jɛkt]
predicato (m)	predikat (n)	[prɛdi'kat]
riga (f)	linje (m)	['linjə]
a capo	på ny linje	[pɔ ny 'linjə]
capoverso (m)	avsnitt (n)	['af,snit]
parola (f)	ord (n)	['uːr]
gruppo (m) di parole	ordgruppe (m/f)	['uːr,grʊpə]
espressione (f)	uttrykk (n)	['ʉt,trʏk]
sinonimo (m)	synonym (n)	[synʊ'nym]
antonimo (m)	antonym (n)	[antʊ'nym]
regola (f)	regel (m)	['rɛgəl]
eccezione (f)	unntak (n)	['ʉn,tak]
giusto (corretto)	riktig	['rikti]
coniugazione (f)	bøyning (m/f)	['bøjniŋ]
declinazione (f)	bøyning (m/f)	['bøjniŋ]
caso (m) nominativo	kasus (m)	['kasʉs]
domanda (f)	spørsmål (n)	['spɶş,mol]
sottolineare (vt)	å understreke	[ɔ 'ʉnə,strekə]
linea (f) tratteggiata	prikket linje (m)	['prikət 'linjə]

98. Lingue straniere

lingua (f)	språk (n)	['sprɔk]
straniero (agg)	fremmed-	['fremə-]
lingua (f) straniera	fremmedspråk (n)	['fremed,sprɔk]
studiare (vt)	å studere	[ɔ stʉ'derə]
imparare (una lingua)	å lære	[ɔ 'lærə]
leggere (vi, vt)	å lese	[ɔ 'lesə]
parlare (vi, vt)	å tale	[ɔ 'talə]
capire (vt)	å forstå	[ɔ fɔ'ştɔ]
scrivere (vi, vt)	å skrive	[ɔ 'skrivə]
rapidamente	fort	['fʊːt]
lentamente	langsomt	['laŋsɔmt]

Italiano	Norvegese	Pronuncia
correntemente	flytende	['flytnə]
regole (f pl)	regler (m pl)	['rɛglər]
grammatica (f)	grammatikk (m)	[grɑmɑ'tik]
lessico (m)	ordforråd (n)	['uːrfʊˌrɔd]
fonetica (f)	fonetikk (m)	[fʊne'tik]
manuale (m)	lærebok (m/f)	['læreˌbʊk]
dizionario (m)	ordbok (m/f)	['uːrˌbʊk]
manuale (m) autodidattico	lærebok (m/f) for selvstudium	['læreˌbʊk fɔ 'selˌstʊdium]
frasario (m)	parlør (m)	[pɑː'lør]
cassetta (f)	kassett (m)	[kɑ'sɛt]
videocassetta (f)	videokassett (m)	['videʊ kɑ'sɛt]
CD (m)	CD-rom (m)	['sɛdɛˌrʊm]
DVD (m)	DVD (m)	[deve'de]
alfabeto (m)	alfabet (n)	[ɑlfɑ'bet]
compitare (vt)	å stave	[ɔ 'stɑve]
pronuncia (f)	uttale (m)	['ʉtˌtɑle]
accento (m)	aksent (m)	[ɑk'sɑŋ]
con un accento	med aksent	[me ɑk'sɑŋ]
senza accento	uten aksent	['ʉtən ɑk'sɑŋ]
vocabolo (m)	ord (n)	['uːr]
significato (m)	betydning (m)	[be'tʏdniŋ]
corso (m) (~ di francese)	kurs (n)	['kʉʂ]
iscriversi (vr)	å anmelde seg	[ɔ 'ɑnˌmɛle sæj]
insegnante (m, f)	lærer (m)	['lærər]
traduzione (f) (fare una ~)	oversettelse (m)	['ɔveˌsɛtəlse]
traduzione (f) (un testo)	oversettelse (m)	['ɔveˌsɛtəlse]
traduttore (m)	oversetter (m)	['ɔveˌsɛtər]
interprete (m)	tolk (m)	['tɔlk]
poliglotta (m)	polyglott (m)	[pʊlʏ'glɔt]
memoria (f)	minne (n), hukommelse (m)	['minə], [hʉ'kɔmelse]

Ristorante. Intrattenimento. Viaggi

99. Escursione. Viaggio

turismo (m)	turisme (m)	[tʉ'rismə]
turista (m)	turist (m)	[tʉ'rist]
viaggio (m) (all'estero)	reise (m/f)	['ræjsə]
avventura (f)	eventyr (n)	['ɛvənˌtyr]
viaggio (m) (corto)	tripp (m)	['trip]
vacanza (f)	ferie (m)	['fɛriə]
essere in vacanza	å være på ferie	[ɔ 'værə pɔ 'fɛriə]
riposo (m)	hvile (m/f)	['vilə]
treno (m)	tog (n)	['tɔg]
in treno	med tog	[me 'tɔg]
aereo (m)	fly (n)	['fly]
in aereo	med fly	[me 'fly]
in macchina	med bil	[me 'bil]
in nave	med skip	[me 'ʂip]
bagaglio (m)	bagasje (m)	[bɑ'gɑʂə]
valigia (f)	koffert (m)	['kʊfɛ:t]
carrello (m)	bagasjetralle (m/f)	[bɑ'gɑʂəˌtrɑlə]
passaporto (m)	pass (n)	['pɑs]
visto (m)	visum (n)	['visʉm]
biglietto (m)	billett (m)	[bi'let]
biglietto (m) aereo	flybillett (m)	['fly bi'let]
guida (f)	reisehåndbok (m/f)	['ræjsəˌhɔnbʊk]
carta (f) geografica	kart (n)	['kɑ:t]
località (f)	område (n)	['ɔmˌro:də]
luogo (m)	sted (n)	['sted]
esotico (agg)	eksotisk	[ɛk'sʊtisk]
sorprendente (agg)	forunderlig	[fɔ'rʉnde:li]
gruppo (m)	gruppe (m)	['grʉpə]
escursione (f)	utflukt (m/f)	['ʉtˌflʉkt]
guida (f) (cicerone)	guide (m)	['gɑjd]

100. Hotel

albergo (m)	hotell (n)	[hʊ'tɛl]
motel (m)	motell (n)	[mʊ'tɛl]
tre stelle	trestjernet	['treˌstjæ:ŋə]
cinque stelle	femstjernet	['fɛmˌstjæ:ŋə]

alloggiare (vi)	å bo	[ɔ 'buː]
camera (f)	rom (n)	['rʊm]
camera (f) singola	enkeltrom (n)	['ɛnkelt‚rʊm]
camera (f) doppia	dobbeltrom (n)	['dɔbəlt‚rʊm]
prenotare una camera	å reservere rom	[ɔ resɛr'verə 'rʊm]
mezza pensione (f)	halvpensjon (m)	['hal pan‚ʂʊn]
pensione (f) completa	fullpensjon (m)	['fʉl pan‚ʂʊn]
con bagno	med badekar	[me 'badə‚kar]
con doccia	med dusj	[me 'dʉʂ]
televisione (f) satellitare	satellitt-TV (m)	[satɛ'lit 'tɛvɛ]
condizionatore (m)	klimaanlegg (n)	['klima'an‚leg]
asciugamano (m)	håndkle (n)	['hɔn‚kle]
chiave (f)	nøkkel (m)	['nøkəl]
amministratore (m)	administrator (m)	[admini'strɑːtʊr]
cameriera (f)	stuepike (m/f)	['stʉə‚pikə]
portabagagli (m)	pikkolo (m)	['pikɔlɔ]
portiere (m)	portier (m)	[pɔː'tje]
ristorante (m)	restaurant (m)	[rɛstʉ'raŋ]
bar (m)	bar (m)	['bar]
colazione (f)	frokost (m)	['frʊkɔst]
cena (f)	middag (m)	['mi‚da]
buffet (m)	buffet (m)	[bʉ'fɛ]
hall (f) (atrio d'ingresso)	hall, lobby (m)	['hal], ['lɔbi]
ascensore (m)	heis (m)	['hæjs]
NON DISTURBARE	VENNLIGST IKKE FORSTYRR!	['vɛnligt ikə fɔ'ʂtyr]
VIETATO FUMARE!	RØYKING FORBUDT	['røjkiŋ fɔr'bʉt]

ATTREZZATURA TECNICA. MEZZI DI TRASPORTO

Attrezzatura tecnica

101. Computer

computer (m)	datamaskin (m)	['data ma‚ʂin]
computer (m) portatile	bærbar, laptop (m)	['bær‚bar], ['laptɔp]
accendere (vt)	å slå på	[ɔ 'ʂlɔ pɔ]
spegnere (vt)	å slå av	[ɔ 'ʂlɔ a:]
tastiera (f)	tastatur (n)	[tasta'tʉr]
tasto (m)	tast (m)	['tast]
mouse (m)	mus (m/f)	['mʉs]
tappetino (m) del mouse	musematte (m/f)	['mʉsə‚matə]
tasto (m)	knapp (m)	['knap]
cursore (m)	markør (m)	[mar'kør]
monitor (m)	monitor (m)	['monitɔr]
schermo (m)	skjerm (m)	['ʂærm]
disco (m) rigido	harddisk (m)	['har‚disk]
spazio (m) sul disco rigido	harddiskkapasitet (m)	['har‚disk kapasi'tet]
memoria (f)	minne (n)	['minə]
memoria (f) operativa	hovedminne (n)	['hɔvəd‚minə]
file (m)	fil (m)	['fil]
cartella (f)	mappe (m/f)	['mapə]
aprire (vt)	å åpne	[ɔ 'ɔpnə]
chiudere (vt)	å lukke	[ɔ 'lʉkə]
salvare (vt)	å lagre	[ɔ 'lagrə]
eliminare (vt)	å slette, å fjerne	[ɔ 'ʂletə], [ɔ 'fjæ:ɳə]
copiare (vt)	å kopiere	[ɔ kʉ'pjerə]
ordinare (vt)	å sortere	[ɔ sɔ:'ʈerə]
trasferire (vt)	å overføre	[ɔ 'ɔvər‚førə]
programma (m)	program (n)	[prʉ'gram]
software (m)	programvare (m/f)	[prʉ'gram‚varə]
programmatore (m)	programmerer (m)	[prʉgra'merər]
programmare (vt)	å programmere	[ɔ prʉgra'merə]
hacker (m)	hacker (m)	['hakər]
password (f)	passord (n)	['pas‚u:r]
virus (m)	virus (m)	['virʉs]
trovare (un virus, ecc.)	å oppdage	[ɔ 'ɔp‚dagə]
byte (m)	byte (m)	['bajt]

megabyte (m)	megabyte (m)	['mega‚bajt]
dati (m pl)	data (m pl)	['data]
database (m)	database (m)	['data‚basə]
cavo (m)	kabel (m)	['kabəl]
sconnettere (vt)	å koble fra	[ɔ 'kɔblə fra]
collegare (vt)	å koble	[ɔ 'kɔblə]

102. Internet. Posta elettronica

internet (f)	Internett	['intə‚nɛt]
navigatore (m)	nettleser (m)	['nɛt‚lesər]
motore (m) di ricerca	søkemotor (m)	['søkə‚motʊr]
provider (m)	leverandør (m)	[levəran'dør]
webmaster (m)	webmaster (m)	['vɛb‚mastər]
sito web (m)	webside, hjemmeside (m/f)	['vɛb‚sidə], ['jɛmə‚sidə]
pagina web (f)	nettside (m)	['nɛt‚sidə]
indirizzo (m)	adresse (m)	[a'drɛsə]
rubrica (f) indirizzi	adressebok (f)	[a'drɛsə‚bʊk]
casella (f) di posta	postkasse (m/f)	['pɔst‚kasə]
posta (f)	post (m)	['pɔst]
troppo piena (agg)	full	['fʉl]
messaggio (m)	melding (m/f)	['mɛliŋ]
messaggi (m pl) in arrivo	innkommende meldinger	['in‚kɔmenə 'mɛliŋər]
messaggi (m pl) in uscita	utgående meldinger	['ʉt‚gɔənə 'mɛliŋər]
mittente (m)	avsender (m)	['af‚sɛnər]
inviare (vt)	å sende	[ɔ 'sɛne]
invio (m)	avsending (m)	['af‚sɛniŋ]
destinatario (m)	mottaker (m)	['mɔt‚takər]
ricevere (vt)	å motta	[ɔ 'mɔta]
corrispondenza (f)	korrespondanse (m)	[kʊrespɔn'dansə]
essere in corrispondenza	å brevveksle	[ɔ 'brɛv‚vɛkslə]
file (m)	fil (m)	['fil]
scaricare (vt)	å laste ned	[ɔ 'lastə 'ne]
creare (vt)	å opprette	[ɔ 'ɔp‚rɛtə]
eliminare (vt)	å slette, å fjerne	[ɔ 'ʂlɛtə], [ɔ 'fjæ:ɳə]
eliminato (agg)	slettet	['ʂlɛtət]
connessione (f)	forbindelse (m)	[fɔr'binəlsə]
velocità (f)	hastighet (m/f)	['hasti‚het]
modem (m)	modem (n)	['mʊ'dɛm]
accesso (m)	tilgang (m)	['til‚gaŋ]
porta (f)	port (m)	['pɔ:ʈ]
collegamento (m)	tilkobling (m/f)	['til‚kɔbliŋ]
collegarsi a ...	å koble	[ɔ 'kɔblə]
scegliere (vt)	å velge	[ɔ 'vɛlgə]
cercare (vt)	å søke etter ...	[ɔ 'søkə ‚ɛtər ...]

103. Elettricità

elettricità (f)	elektrisitet (m)	[ɛlektrisi'tet]
elettrico (agg)	elektrisk	[ɛ'lektrisk]
centrale (f) elettrica	kraftverk (n)	['krɑft‚værk]
energia (f)	energi (m)	[ɛnær'gi]
energia (f) elettrica	elkraft (m/f)	['ɛl‚krɑft]
lampadina (f)	lyspære (m/f)	['lys‚pærə]
torcia (f) elettrica	lommelykt (m/f)	['lʊmə‚lʏkt]
lampione (m)	gatelykt (m/f)	['gɑtə‚lʏkt]
luce (f)	lys (n)	['lys]
accendere (luce)	å slå på	[ɔ 'ʂlɔ pɔ]
spegnere (vt)	å slå av	[ɔ 'ʂlɔ ɑ:]
spegnere la luce	å slokke lyset	[ɔ 'ʂløkə 'lysə]
fulminarsi (vr)	å brenne ut	[ɔ 'brɛnə ʉt]
corto circuito (m)	kortslutning (m)	['kʊːʈ‚ʂlʉtniŋ]
rottura (f) (~ di un cavo)	kabelbrudd (n)	['kɑbəl‚brʉd]
contatto (m)	kontakt (m)	[kʊn'tɑkt]
interruttore (m)	strømbryter (m)	['strøm‚brytər]
presa (f) elettrica	stikkontakt (m)	['stik kʊn‚tɑkt]
spina (f)	støpsel (n)	['støpsəl]
prolunga (f)	skjøteledning (m)	['ʂøtə‚lednin]
fusibile (m)	sikring (m)	['sikriŋ]
filo (m)	ledning (m)	['lednin]
impianto (m) elettrico	ledningsnett (n)	['lednins‚nɛt]
ampere (m)	ampere (m)	[ɑm'pɛr]
intensità di corrente	strømstyrke (m)	['strøm‚styrkə]
volt (m)	volt (m)	['vɔlt]
tensione (f)	spenning (m/f)	['spɛniŋ]
apparecchio (m) elettrico	elektrisk apparat (n)	[ɛ'lektrisk ɑpɑ'rɑt]
indicatore (m)	indikator (m)	[indi'kɑtʊr]
elettricista (m)	elektriker (m)	[ɛ'lektrikər]
saldare (vt)	å lodde	[ɔ 'lɔdə]
saldatoio (m)	loddebolt (m)	['lɔdə‚bɔlt]
corrente (f)	strøm (m)	['strøm]

104. Utensili

utensile (m)	verktøy (n)	['værk‚tøj]
utensili (m pl)	verktøy (n pl)	['værk‚tøj]
impianto (m)	utstyr (n)	['ʉt‚styr]
martello (m)	hammer (m)	['hɑmər]
giravite (m)	skrutrekker (m)	['skrʉ‚trɛkər]
ascia (f)	øks (m/f)	['øks]

sega (f)	sag (m/f)	['sɑg]
segare (vt)	å sage	[ɔ 'sɑgə]
pialla (f)	høvel (m)	['høvəl]
piallare (vt)	å høvle	[ɔ 'høvlə]
saldatoio (m)	loddebolt (m)	['lɔdəˌbɔlt]
saldare (vt)	å lodde	[ɔ 'lɔdə]
lima (f)	fil (m/f)	['fil]
tenaglie (f pl)	knipetang (m/f)	['knipəˌtɑŋ]
pinza (f) a punte piatte	flattang (m/f)	['flɑtˌtɑŋ]
scalpello (m)	hoggjern, huggjern (n)	['hʊgˌjæːŋ]
punta (f) da trapano	bor (m/n)	['bʊr]
trapano (m) elettrico	boremaskin (m)	['bɔre mɑˌʂin]
trapanare (vt)	å bore	[ɔ 'bɔrə]
coltello (m)	kniv (m)	['kniv]
lama (f)	blad (n)	['blɑ]
affilato (coltello ~)	skarp	['skɑrp]
smussato (agg)	sløv	['sløv]
smussarsi (vr)	å bli sløv	[ɔ 'bli 'sløv]
affilare (vt)	å skjerpe, å slipe	[ɔ 'ʂɛrpə], [ɔ 'ʂlipə]
bullone (m)	bolt (m)	['bɔlt]
dado (m)	mutter (m)	['mʉtər]
filettatura (f)	gjenge (n)	['jɛŋə]
vite (f)	skrue (m)	['skrʉə]
chiodo (m)	spiker (m)	['spikər]
testa (f) di chiodo	spikerhode (n)	['spikərˌhʊdə]
regolo (m)	linjal (m)	[li'njɑl]
nastro (m) metrico	målebånd (n)	['moːləˌbɔn]
livella (f)	vater, vaterpass (n)	['vɑtər], ['vɑtərˌpɑs]
lente (f) d'ingradimento	lupe (m/f)	['lʉpə]
strumento (m) di misurazione	måleinstrument (n)	['moːlə instrʉ'mɛnt]
misurare (vt)	å måle	[ɔ 'moːlə]
scala (f) graduata	skala (m)	['skɑlɑ]
lettura, indicazione (f)	avlesninger (m/f pl)	['ɑvˌlesniŋər]
compressore (m)	kompressor (m)	[kʊm'presʊr]
microscopio (m)	mikroskop (n)	[mikrʊ'skʊp]
pompa (f) (~ dell'acqua)	pumpe (m/f)	['pʉmpə]
robot (m)	robot (m)	['rɔbɔt]
laser (m)	laser (m)	['lɑsər]
chiave (f)	skrunøkkel (m)	['skrʉˌnøkəl]
nastro (m) adesivo	pakketeip (m)	['pɑkəˌtɛjp]
colla (f)	lim (n)	['lim]
carta (f) smerigliata	sandpapir (n)	['sɑnpɑˌpir]
molla (f)	fjær (m/f)	['fjær]
magnete (m)	magnet (m)	[mɑŋ'net]

guanti (m pl)	hansker (m pl)	['hanskər]
corda (f)	reip, rep (n)	['ræjp], ['rɛp]
cordone (m)	snor (m/f)	['snʊr]
filo (m) (~ del telefono)	ledning (m)	['ledniŋ]
cavo (m)	kabel (m)	['kabəl]
mazza (f)	slegge (m/f)	['ṣlegə]
palanchino (m)	spett, jernspett (n)	['spɛt], ['jæːn̩ˌspɛt]
scala (f) a pioli	stige (m)	['stiːə]
scala (m) a libretto	trappstige (m/f)	['trapˌstiːə]
avvitare (stringere)	å skru fast	[ɔ 'skrʉ 'fast]
svitare (vt)	å skru løs	[ɔ 'skrʉ ˌløs]
stringere (vt)	å klemme	[ɔ 'klemə]
incollare (vt)	å klistre, å lime	[ɔ 'klistrə], [ɔ 'limə]
tagliare (vt)	å skjære	[ɔ 'ṣæːrə]
guasto (m)	funksjonsfeil (m)	['fʉnkṣɔnsˌfæjl]
riparazione (f)	reparasjon (m)	[repɑrɑ'ṣʊn]
riparare (vt)	å reparere	[ɔ repɑ'rerə]
regolare (~ uno strumento)	å justere	[ɔ jʉ'sterə]
verificare (ispezionare)	å sjekke	[ɔ 'ṣɛkə]
controllo (m)	kontroll (m)	[kʊn'trɔl]
lettura, indicazione (f)	avlesninger (m/f pl)	['avˌlesniŋər]
sicuro (agg)	pålitelig	[pɔ'liteli]
complesso (agg)	komplisert	[kʊmpli'sɛːt]
arrugginire (vi)	å ruste	[ɔ 'rʉstə]
arrugginito (agg)	rusten, rustet	['rʉstən], ['rʉstət]
ruggine (f)	rust (m/f)	['rʉst]

Mezzi di trasporto

105. Aeroplano

aereo (m)	fly (n)	['fly]
biglietto (m) aereo	flybillett (m)	['fly bi'let]
compagnia (f) aerea	flyselskap (n)	['flysəl‚skɑp]
aeroporto (m)	flyplass (m)	['fly‚plɑs]
supersonico (agg)	overlyds-	['ɔvə‚lyds-]
comandante (m)	kaptein (m)	[kɑp'tæjn]
equipaggio (m)	besetning (m/f)	[be'sɛtniŋ]
pilota (m)	pilot (m)	[pi'lɔt]
hostess (f)	flyvertinne (m/f)	[flyvɛː'tinə]
navigatore (m)	styrmann (m)	['styr‚mɑn]
ali (f pl)	vinger (m pl)	['viŋər]
coda (f)	hale (m)	['hɑlə]
cabina (f)	cockpit, førerkabin (m)	['kɔkpit], ['førerkɑ‚bin]
motore (m)	motor (m)	['mɔtʊr]
carrello (m) d'atterraggio	landingshjul (n)	['lɑniŋsjʉl]
turbina (f)	turbin (m)	[tʉr'bin]
elica (f)	propell (m)	[prʊ'pɛl]
scatola (f) nera	svart boks (m)	['svɑːt bɔks]
barra (f) di comando	ratt (n)	['rɑt]
combustibile (m)	brensel (n)	['brɛnsəl]
safety card (f)	sikkerhetsbrosjyre (m)	['sikərhɛts‚brɔ'ṣyrə]
maschera (f) ad ossigeno	oksygenmaske (m/f)	['ɔksygən‚mɑskə]
uniforme (f)	uniform (m)	[ʉni'fɔrm]
giubbotto (m) di salvataggio	redningsvest (m)	['rɛdniŋs‚vɛst]
paracadute (m)	fallskjerm (m)	['fɑl‚ṣærm]
decollo (m)	start (m)	['stɑːt]
decollare (vi)	å løfte	[ɔ 'lœftə]
pista (f) di decollo	startbane (m)	['stɑːt‚bɑnə]
visibilità (f)	siktbarhet (m)	['siktbɑr‚het]
volo (m)	flyging (m/f)	['flygiŋ]
altitudine (f)	høyde (m)	['højdə]
vuoto (m) d'aria	lufthull (n)	['lʉft‚hʉl]
posto (m)	plass (m)	['plɑs]
cuffia (f)	hodetelefoner (n pl)	['hɔdətelə‚fʊnər]
tavolinetto (m) pieghevole	klappbord (n)	['klɑp‚bʊr]
oblò (m), finestrino (m)	vindu (n)	['vindʉ]
corridoio (m)	midtgang (m)	['mit‚gɑŋ]

106. Treno

treno (m)	tog (n)	['tɔg]
elettrotreno (m)	lokaltog (n)	[lɔ'kal‚tɔg]
treno (m) rapido	ekspresstog (n)	[ɛks'prɛs‚tɔg]
locomotiva (f) diesel	diesellokomotiv (n)	['disəl lʉkɔmɔ'tiv]
locomotiva (f) a vapore	damplokomotiv (n)	['damp lʉkɔmɔ'tiv]
carrozza (f)	vogn (m)	['vɔŋn]
vagone (m) ristorante	restaurantvogn (m/f)	[rɛstʉ'raŋ‚vɔŋn]
rotaie (f pl)	skinner (m/f pl)	['ʂinər]
ferrovia (f)	jernbane (m)	['jæːɳ‚banə]
traversa (f)	sville (m/f)	['svilə]
banchina (f) (~ ferroviaria)	perrong, plattform (m/f)	[pɛ'rɔŋ], ['platfɔrm]
binario (m) (~ 1, 2)	spor (n)	['spʉr]
semaforo (m)	semafor (m)	[sema'fʉr]
stazione (f)	stasjon (m)	[sta'ʂʉn]
macchinista (m)	lokfører (m)	['lʉk‚førər]
portabagagli (m)	bærer (m)	['bærər]
cuccettista (m, f)	betjent (m)	['be'tjɛnt]
passeggero (m)	passasjer (m)	[pasa'ʂɛr]
controllore (m)	billett inspektør (m)	[bi'let inspɛk'tør]
corridoio (m)	korridor (m)	[kʉri'dɔr]
freno (m) di emergenza	nødbrems (m)	['nød‚brɛms]
scompartimento (m)	kupé (m)	[kʉ'pe]
cuccetta (f)	køye (m/f)	['køjə]
cuccetta (f) superiore	overkøye (m/f)	['ɔvər‚køjə]
cuccetta (f) inferiore	underkøye (m/f)	['ʉnər‚køjə]
biancheria (f) da letto	sengetøy (n)	['sɛŋə‚tøj]
biglietto (m)	billett (m)	[bi'let]
orario (m)	rutetabell (m)	['rʉtə‚ta'bɛl]
tabellone (m) orari	informasjonstavle (m/f)	[informa'ʂʉns ‚tavlə]
partire (vi)	å avgå	[ɔ 'avgɔ]
partenza (f)	avgang (m)	['av‚gaŋ]
arrivare (di un treno)	å ankomme	[ɔ 'an‚kɔmə]
arrivo (m)	ankomst (m)	['an‚kɔmst]
arrivare con il treno	å ankomme med toget	[ɔ 'an‚kɔmə me 'tɔge]
salire sul treno	å gå på toget	[ɔ 'gɔ pɔ 'tɔge]
scendere dal treno	å gå av toget	[ɔ 'gɔ aː 'tɔge]
deragliamento (m)	togulykke (m/n)	['tɔg ʉ'lʏkə]
deragliare (vi)	å spore av	[ɔ 'spʉrə aː]
locomotiva (f) a vapore	damplokomotiv (n)	['damp lʉkɔmɔ'tiv]
fuochista (m)	fyrbøter (m)	['fyr‚bøtər]
forno (m)	fyrrom (n)	['fyr‚rʉm]
carbone (m)	kull (n)	['kʉl]

107. Nave

nave (f)	skip (n)	['ṣip]
imbarcazione (f)	fartøy (n)	['fɑːˌtøj]
piroscafo (m)	dampskip (n)	['dɑmpˌṣip]
barca (f) fluviale	elvebåt (m)	['ɛlvəˌbɔt]
transatlantico (m)	cruiseskip (n)	['krʉsˌṣip]
incrociatore (m)	krysser (m)	['krʏsər]
yacht (m)	jakt (m/f)	['jakt]
rimorchiatore (m)	bukserbåt (m)	[bʉk'serˌbɔt]
chiatta (f)	lastepram (m)	['lɑstəˌprɑm]
traghetto (m)	ferje, ferge (m/f)	['færjə], ['færgə]
veliero (m)	seilbåt (n)	['sæjlˌbɔt]
brigantino (m)	brigantin (m)	[brigɑn'tin]
rompighiaccio (m)	isbryter (m)	['isˌbrytər]
sottomarino (m)	ubåt (m)	['ʉːˌbɔt]
barca (f)	båt (m)	['bɔt]
scialuppa (f)	jolle (m/f)	['jɔlə]
scialuppa (f) di salvataggio	livbåt (m)	['livˌbɔt]
motoscafo (m)	motorbåt (m)	['mɔtʉrˌbɔt]
capitano (m)	kaptein (m)	[kɑp'tæjn]
marittimo (m)	matros (m)	[mɑ'trʉs]
marinaio (m)	sjømann (m)	['ṣøˌmɑn]
equipaggio (m)	besetning (m/f)	[be'sɛtniŋ]
nostromo (m)	båtsmann (m)	['bɔsˌmɑn]
mozzo (m) di nave	skipsgutt, jungmann (m)	['ṣipsˌgʉt], ['jʉŋˌmɑn]
cuoco (m)	kokk (m)	['kʉk]
medico (m) di bordo	skipslege (m)	['ṣipsˌlegə]
ponte (m)	dekk (n)	['dɛk]
albero (m)	mast (m/f)	['mɑst]
vela (f)	seil (n)	['sæjl]
stiva (f)	lasterom (n)	['lɑstəˌrʉm]
prua (f)	baug (m)	['bæu]
poppa (f)	akterende (m)	['ɑktəˌrɛnə]
remo (m)	åre (m)	['oːrə]
elica (f)	propell (m)	[prʉ'pɛl]
cabina (f)	hytte (m)	['hʏtə]
quadrato (m) degli ufficiali	offisersmesse (m/f)	[ɔfi'sɛrsˌmɛsə]
sala (f) macchine	maskinrom (n)	[mɑ'ṣinˌrʉm]
ponte (m) di comando	kommandobro (m/f)	[kɔ'mɑndʉˌbrʉ]
cabina (f) radiotelegrafica	radiorom (m)	['rɑdiʉˌrʉm]
onda (f)	bølge (m)	['bølgə]
giornale (m) di bordo	loggbok (m/f)	['lɔgˌbʉk]
cannocchiale (m)	langkikkert (m)	['lɑŋˌkikeːt]
campana (f)	klokke (m/f)	['klɔkə]

bandiera (f)	flagg (n)	['flɑg]
cavo (m) (~ d'ormeggio)	trosse (m/f)	['trʊsə]
nodo (m)	knute (m)	['knʉtə]
ringhiera (f)	rekkverk (n)	['rɛkˌværk]
passerella (f)	landgang (m)	['lɑnˌgɑŋ]
ancora (f)	anker (n)	['ɑnkər]
levare l'ancora	å lette anker	[ɔ 'letə 'ɑnkər]
gettare l'ancora	å kaste anker	[ɔ 'kɑstə 'ɑnkər]
catena (f) dell'ancora	ankerkjetting (m)	['ɑnkərˌçɛtiŋ]
porto (m)	havn (m/f)	['hɑvn]
banchina (f)	kai (m/f)	['kɑj]
ormeggiarsi (vr)	å fortøye	[ɔ fɔː'tøjə]
salpare (vi)	å kaste loss	[ɔ 'kɑstə lɔs]
viaggio (m)	reise (m/f)	['ræjsə]
crociera (f)	cruise (n)	['krʉs]
rotta (f)	kurs (m)	['kʉʂ]
itinerario (m)	rute (m/f)	['rʉtə]
tratto (m) navigabile	seilrende (m)	['sæjlˌrɛnə]
secca (f)	grunne (m/f)	['grʉnə]
arenarsi (vr)	å gå på grunn	[ɔ 'gɔ pɔ 'grʉn]
tempesta (f)	storm (m)	['stɔrm]
segnale (m)	signal (n)	[siŋ'nɑl]
affondare (andare a fondo)	å synke	[ɔ 'synkə]
Uomo in mare!	Mann over bord!	['mɑn ˌɔvər 'bʊr]
SOS	SOS (n)	[ɛsʊ'ɛs]
salvagente (m) anulare	livbøye (m/f)	['livˌbøjə]

108. Aeroporto

aeroporto (m)	flyplass (m)	['flyˌplɑs]
aereo (m)	fly (n)	['fly]
compagnia (f) aerea	flyselskap (n)	['flysəlˌskɑp]
controllore (m) di volo	flygeleder (m)	['flygəˌledər]
partenza (f)	avgang (m)	['ɑvˌgɑŋ]
arrivo (m)	ankomst (m)	['ɑnˌkɔmst]
arrivare (vi)	å ankomme	[ɔ 'ɑnˌkɔmə]
ora (f) di partenza	avgangstid (m/f)	['ɑvgɑŋsˌtid]
ora (f) di arrivo	ankomsttid (m/f)	[ɑn'kɔmsˌtid]
essere ritardato	å bli forsinket	[ɔ 'bli fɔ'ʂinkət]
volo (m) ritardato	avgangsforsinkelse (m)	['ɑvgɑŋs fɔ'ʂinkəlsə]
tabellone (m) orari	informasjonstavle (m/f)	[infɔrmɑ'ʂʉns ˌtɑvlə]
informazione (f)	informasjon (m)	[infɔrmɑ'ʂʉn]
annunciare (vt)	å meddele	[ɔ 'mɛdˌdelə]
volo (m)	fly (n)	['fly]

dogana (f)	toll (m)	['tɔl]
doganiere (m)	tollbetjent (m)	['tɔlbeˌtjɛnt]
dichiarazione (f)	tolldeklarasjon (m)	['tɔldɛklɑrɑˈʂʉn]
riempire	å utfylle	[ɔ 'ʉtˌfʏlə]
(~ una dichiarazione)		
riempire una dichiarazione	å utfylle en tolldeklarasjon	[ɔ 'ʉtˌfʏlə en 'tɔldɛklɑrɑˌʂʉn]
controllo (m) passaporti	passkontroll (m)	['pɑskʉnˌtrɔl]
bagaglio (m)	bagasje (m)	[bɑˈɡɑʂə]
bagaglio (m) a mano	håndbagasje (m)	['hɔnˌbɑˈɡɑʂə]
carrello (m)	bagasjetralle (m/f)	[bɑˈɡɑʂəˌtrɑlə]
atterraggio (m)	landing (m)	['lɑniŋ]
pista (f) di atterraggio	landingsbane (m)	['lɑniŋsˌbɑnə]
atterrare (vi)	å lande	[ɔ 'lɑnə]
scaletta (f) dell'aereo	trapp (m/f)	['trɑp]
check-in (m)	innsjekking (m/f)	['inˌʂɛkiŋ]
banco (m) del check-in	innsjekkingsskranke (m)	['inˌʂɛkiŋs ˌskrɑnkə]
fare il check-in	å sjekke inn	[ɔ 'ʂɛkə in]
carta (f) d'imbarco	boardingkort (n)	['bɔːdiŋˌkɔːt]
porta (f) d'imbarco	gate (m/f)	['gejt]
transito (m)	transitt (m)	[trɑnˈsit]
aspettare (vt)	å vente	[ɔ 'vɛntə]
sala (f) d'attesa	ventehall (m)	['vɛntəˌhɑl]
accompagnare (vt)	å ta avskjed	[ɔ 'tɑ 'ɑfˌʂɛd]
congedarsi (vr)	å si farvel	[ɔ 'si fɑrˈvɛl]

Situazioni quotidiane

109. Vacanze. Evento

festa (f)	fest (m)	['fɛst]
festa (f) nazionale	nasjonaldag (m)	[naʂu'nal‚da]
festività (f) civile	festdag (m)	['fɛst‚da]
festeggiare (vt)	å feire	[ɔ 'fæjrə]

avvenimento (m)	begivenhet (m/f)	[be'jiven‚het]
evento (m) (organizzare un ~)	evenement (n)	[ɛvenə'maŋ]
banchetto (m)	bankett (m)	[ban'kɛt]
ricevimento (m)	resepsjon (m)	[resɛp'ʂun]
festino (m)	fest (n)	['fɛst]

anniversario (m)	årsdag (m)	['oːʂ‚da]
giubileo (m)	jubileum (n)	[jʉbi'leʉm]
festeggiare (vt)	å feire	[ɔ 'fæjrə]

Capodanno (m)	nytt år (n)	['nʏt ‚oːr]
Buon Anno!	Godt nytt år!	['gɔt nʏt ‚oːr]
Babbo Natale (m)	Julenissen	['jʉlə‚nisən]

Natale (m)	Jul (m/f)	['jʉl]
Buon Natale!	Gledelig jul!	['gledəli 'jʉl]
Albero (m) di Natale	juletre (n)	['jʉlə‚trɛ]
fuochi (m pl) artificiali	fyrverkeri (n)	[‚fyrværkə'ri]

nozze (f pl)	bryllup (n)	['brʏlʉp]
sposo (m)	brudgom (m)	['brʉd‚gom]
sposa (f)	brud (m/f)	['brʉd]

invitare (vt)	å innby, å invitere	[ɔ 'inby], [ɔ invi'terə]
invito (m)	innbydelse (m)	[in'bydəlse]

ospite (m)	gjest (m)	['jɛst]
andare a trovare	å besøke	[ɔ be'søkə]
accogliere gli invitati	å hilse på gjestene	[ɔ 'hilsə pɔ 'jɛstenə]

regalo (m)	gave (m/f)	['gavə]
offrire (~ un regalo)	å gi	[ɔ 'ji]
ricevere i regali	å få gaver	[ɔ 'fɔ 'gavər]
mazzo (m) di fiori	bukett (m)	[bʉ'kɛt]

auguri (m pl)	lykkønskning (m/f)	['lʏk‚ønskniŋ]
augurare (vt)	å gratulere	[ɔ gratʉ'lerə]

cartolina (f)	gratulasjonskort (n)	[gratʉla'ʂuns‚koːt]
mandare una cartolina	å sende postkort	[ɔ 'sɛnə 'pɔst‚koːt]
ricevere una cartolina	å få postkort	[ɔ 'fɔ 'pɔst‚koːt]

brindisi (m)	skål (m/f)	['skɔl]
offrire (~ qualcosa da bere)	å tilby	[ɔ 'tilby]
champagne (m)	champagne (m)	[ʂam'panjə]
divertirsi (vr)	å more seg	[ɔ 'mʉrə sæj]
allegria (f)	munterhet (m)	['mʉntər‚het]
gioia (f)	glede (m/f)	['glede]
danza (f), ballo (m)	dans (m)	['dɑns]
ballare (vi, vt)	å danse	[ɔ 'dɑnsə]
valzer (m)	vals (m)	['vɑls]
tango (m)	tango (m)	['tɑŋgʉ]

110. Funerali. Sepoltura

cimitero (m)	gravplass, kirkegård (m)	['grɑv‚plɑs], ['çirkə‚gɔ:r]
tomba (f)	grav (m)	['grɑv]
croce (f)	kors (n)	['kɔ:ʂ]
pietra (f) tombale	gravstein (m)	['grɑf‚stæjn]
recinto (m)	gjerde (n)	['jærə]
cappella (f)	kapell (n)	[kɑ'pɛl]
morte (f)	død (m)	['dø]
morire (vi)	å dø	[ɔ 'dø]
defunto (m)	den avdøde	[den 'ɑv‚dødə]
lutto (m)	sorg (m/f)	['sɔr]
seppellire (vt)	å begrave	[ɔ be'grɑvə]
sede (f) di pompe funebri	begravelsesbyrå (n)	[be'grɑvəlsəs by‚ro]
funerale (m)	begravelse (m)	[be'grɑvəlsə]
corona (f) di fiori	krans (m)	['krɑns]
bara (f)	likkiste (m/f)	['lik‚çistə]
carro (m) funebre	likbil (m)	['lik‚bil]
lenzuolo (m) funebre	likklede (n)	['lik‚kledə]
corteo (m) funebre	gravfølge (n)	['grɑv‚følgə]
urna (f) funeraria	askeurne (m/f)	['ɑske‚ʉ:nə]
crematorio (m)	krematorium (n)	[krɛmɑ'tʉrium]
necrologio (m)	nekrolog (m)	[nekrʉ'lɔg]
piangere (vi)	å gråte	[ɔ 'gro:tə]
singhiozzare (vi)	å hulke	[ɔ 'hʉlkə]

111. Guerra. Soldati

plotone (m)	tropp (m)	['trɔp]
compagnia (f)	kompani (n)	[kʉmpɑ'ni]
reggimento (m)	regiment (n)	[rɛgi'mɛnt]
esercito (m)	hær (m)	['hær]
divisione (f)	divisjon (m)	[divi'ʂʉn]

distaccamento (m)	tropp (m)	['trɔp]
armata (f)	hær (m)	['hær]

soldato (m)	soldat (m)	[sʊl'dɑt]
ufficiale (m)	offiser (m)	[ɔfi'sɛr]

soldato (m) semplice	menig (m)	['meni]
sergente (m)	sersjant (m)	[sær'ʂɑnt]
tenente (m)	løytnant (m)	['løjt‚nɑnt]
capitano (m)	kaptein (m)	[kɑp'tæjn]
maggiore (m)	major (m)	[mɑ'jɔr]
colonnello (m)	oberst (m)	['ʊbɛʂt]
generale (m)	general (m)	[gene'rɑl]

marinaio (m)	sjømann (m)	['ʂø‚mɑn]
capitano (m)	kaptein (m)	[kɑp'tæjn]
nostromo (m)	båtsmann (m)	['bɔs‚mɑn]

artigliere (m)	artillerist (m)	[‚ɑːtile'rist]
paracadutista (m)	fallskjermjeger (m)	['fɑl‚særm 'jɛːgər]
pilota (m)	flyger, flyver (m)	['flygər], ['flyvər]
navigatore (m)	styrmann (m)	['styr‚mɑn]
meccanico (m)	mekaniker (m)	[me'kɑnikər]

geniere (m)	pioner (m)	[piʊ'ner]
paracadutista (m)	fallskjermhopper (m)	['fɑl‚særm 'hɔpər]
esploratore (m)	oppklaringssoldat (m)	['ɔp‚klɑriŋ sʊl'dɑt]
cecchino (m)	skarpskytte (m)	['skɑrp‚sʏtə]
pattuglia (f)	patrulje (m)	[pɑ'trʉlje]
pattugliare (vt)	å patruljere	[ɔ pɑtrʉ'ljerə]
sentinella (f)	vakt (m)	['vɑkt]

guerriero (m)	kriger (m)	['krigər]
patriota (m)	patriot (m)	[pɑtri'ɔt]
eroe (m)	helt (m)	['hɛlt]
eroina (f)	heltinne (m)	['hɛlt‚inə]

traditore (m)	forræder (m)	[fɔ'rædər]
tradire (vt)	å forråde	[ɔ fɔ'rɔːdə]
disertore (m)	desertør (m)	[desæː'tør]
disertare (vi)	å desertere	[ɔ desæː'terə]

mercenario (m)	leiesoldat (m)	['læjəsʊl‚dɑt]
recluta (f)	rekrutt (m)	[re'krʉt]
volontario (m)	frivillig (m)	['fri‚vili]

ucciso (m)	drept (m)	['drɛpt]
ferito (m)	såret (m)	['soːrə]
prigioniero (m) di guerra	fange (m)	['fɑŋə]

112. Guerra. Azioni militari. Parte 1

guerra (f)	krig (m)	['krig]
essere in guerra	å være i krig	[ɔ 'værə i ‚krig]

guerra (f) civile	borgerkrig (m)	['bɔrgər‚krig]
perfidamente	lumsk, forræderisk	['lumsk], [fɔ'rædərisk]
dichiarazione (f) di guerra	krigserklæring (m)	['krigs ær‚klæriŋ]
dichiarare (~ guerra)	å erklære	[ɔ ær'klærə]
aggressione (f)	aggresjon (m)	[agre'ʂun]
attaccare (vt)	å angripe	[ɔ 'an‚gripə]
invadere (vt)	å invadere	[ɔ inva'derə]
invasore (m)	angriper (m)	['an‚gripər]
conquistatore (m)	erobrer (m)	[ɛ'rubrər]
difesa (f)	forsvar (n)	['fu‚ʂvar]
difendere (~ un paese)	å forsvare	[ɔ fɔ'ʂvarə]
difendersi (vr)	å forsvare seg	[ɔ fɔ'ʂvarə sæj]
nemico (m)	fiende (m)	['fiɛndə]
avversario (m)	motstander (m)	['mut‚stanər]
ostile (agg)	fiendtlig	['fjɛntli]
strategia (f)	strategi (m)	[strate'gi]
tattica (f)	taktikk (m)	[tak'tik]
ordine (m)	ordre (m)	['ɔrdrə]
comando (m)	ordre, kommando (m/f)	['ɔrdrə], ['ku'mandu]
ordinare (vt)	å beordre	[ɔ be'ɔrdrə]
missione (f)	oppdrag (m)	['ɔpdrag]
segreto (agg)	hemmelig	['hɛməli]
battaglia (f)	batalje (m)	[ba'taljə]
battaglia (f)	slag (n)	['ʂlag]
combattimento (m)	kamp (m)	['kamp]
attacco (m)	angrep (n)	['an‚grɛp]
assalto (m)	storm (m)	['stɔrm]
assalire (vt)	å storme	[ɔ 'stɔrmə]
assedio (m)	beleiring (m/f)	[be'læjriŋ]
offensiva (f)	offensiv (m), angrep (n)	['ɔfen‚sif], ['an‚grɛp]
passare all'offensiva	å angripe	[ɔ 'an‚gripə]
ritirata (f)	retrett (m)	[rɛ'trɛt]
ritirarsi (vr)	å retirere	[ɔ reti'rerə]
accerchiamento (m)	omringing (m/f)	['ɔm‚riŋiŋ]
accerchiare (vt)	å omringe	[ɔ 'ɔm‚riŋə]
bombardamento (m)	bombing (m/f)	['bumbiŋ]
lanciare una bomba	å slippe bombe	[ɔ 'ʂlipə 'bumbə]
bombardare (vt)	å bombardere	[ɔ bumba:'derə]
esplosione (f)	eksplosjon (m)	[ɛksplu'ʂun]
sparo (m)	skudd (n)	['skud]
sparare un colpo	å skyte av	[ɔ 'ʂytə a:]
sparatoria (f)	skytning (m/f)	['ʂytniŋ]
puntare su …	å sikte på …	[ɔ 'siktə pɔ …]
puntare (~ una pistola)	å rette	[ɔ 'rɛtə]

colpire (~ il bersaglio)	å treffe	[ɔ 'trɛfə]
affondare (mandare a fondo)	å senke	[ɔ 'sɛnkə]
falla (f)	hull (n)	['hʉl]
affondare (andare a fondo)	å synke	[ɔ 'sʏnkə]

fronte (m) (~ di guerra)	front (m)	['frɔnt]
evacuazione (f)	evakuering (m/f)	[ɛvɑkʉ'eriŋ]
evacuare (vt)	å evakuere	[ɔ ɛvɑkʉ'erə]

trincea (f)	skyttergrav (m)	['ṣytə‚grɑv]
filo (m) spinato	piggtråd (m)	['pig‚trɔd]
sbarramento (m)	hinder (n), sperring (m/f)	['hindər], ['spɛriŋ]
torretta (f) di osservazione	vakttårn (n)	['vɑkt‚tɔːn]

ospedale (m) militare	militærsykehus (n)	[mili'tær‚sykə'hʉs]
ferire (vt)	å såre	[ɔ 'soːrə]
ferita (f)	sår (n)	['sɔr]
ferito (m)	såret (n)	['soːrə]
rimanere ferito	å bli såret	[ɔ 'bli 'soːrət]
grave (ferita ~)	alvorlig	[ɑl'vɔːli]

113. Guerra. Azioni militari. Parte 2

prigionia (f)	fangeskap (n)	['fɑŋə‚skɑp]
fare prigioniero	å ta til fange	[ɔ 'tɑ til 'fɑŋə]
essere prigioniero	å være i fangeskap	[ɔ 'væːrə i 'fɑŋə‚skɑp]
essere fatto prigioniero	å bli tatt til fange	[ɔ 'bli tɑt til 'fɑŋə]

campo (m) di concentramento	konsentrasjonsleir (m)	[kʉnsəntrɑ'ṣʉns‚læjr]
prigioniero (m) di guerra	fange (m)	['fɑŋə]
fuggire (vi)	å flykte	[ɔ 'flʏktə]

tradire (vt)	å forråde	[ɔ fɔ'rɔːdə]
traditore (m)	forræder (m)	[fɔ'rædər]
tradimento (m)	forræderi (n)	[fɔrædə'ri]

| fucilare (vt) | å henrette ved skyting | [ɔ 'hɛn‚rɛtə ve 'ṣytiŋ] |
| fucilazione (f) | skyting (m/f) | ['ṣytiŋ] |

divisa (f) militare	mundering (m/f)	[mʉn'dɛriŋ]
spallina (f)	skulderklaff (m)	['skʉldər‚klɑf]
maschera (f) antigas	gassmaske (m/f)	['gɑs‚mɑskə]

radiotrasmettitore (m)	feltradio (m)	['fɛlt‚rɑdiʉ]
codice (m)	chiffer (n)	['ṣifər]
complotto (m)	hemmeligholdelse (m)	['hɛməli‚holəlsə]
parola (f) d'ordine	passord (n)	['pɑs‚uːr]

mina (f)	mine (m/f)	['minə]
minare (~ la strada)	å minelegge	[ɔ 'minə‚legə]
campo (m) minato	minefelt (n)	['minə‚fɛlt]

| allarme (m) aereo | flyalarm (m) | ['fly ɑ'lɑrm] |
| allarme (m) | alarm (m) | [ɑ'lɑrm] |

segnale (m)	signal (n)	[siŋ'nɑl]
razzo (m) di segnalazione	signalrakett (m)	[siŋ'nɑl rɑ'kɛt]

quartier (m) generale	stab (m)	['stɑb]
esplorazione (m)	oppklaring (m/f)	['ɔp‚klɑriŋ]
situazione (f)	situasjon (m)	[sitɵɑ'ʂʉn]
rapporto (m)	rapport (m)	[rɑ'pɔːt]
agguato (m)	bakhold (n)	['bɑk‚hɔl]
rinforzo (m)	forsterkning (m/f)	[fɔ'ʂtærkniŋ]

bersaglio (m)	mål (n)	['mol]
terreno (m) di caccia	skytefelt (n)	['ʂytə‚fɛlt]
manovre (f pl)	manøverer (m pl)	[mɑ'nøvər]

panico (m)	panikk (m)	[pɑ'nik]
devastazione (f)	ødeleggelse (m)	['ødə‚legəlsə]
distruzione (m)	ruiner (m pl)	[rʉ'inər]
distruggere (vt)	å ødelegge	[ɔ 'ødə‚legə]

sopravvivere (vi, vt)	å overleve	[ɔ 'ɔvə‚levə]
disarmare (vt)	å avvæpne	[ɔ 'ɑv‚væpnə]
maneggiare (una pistola, ecc.)	å handtere	[ɔ hɑn'terə]

Attenti!	Rett! | Gi-akt!	['rɛt], ['jiː'ɑkt]
Riposo!	Hvil!	['vil]

atto (m) eroico	bedrift (m)	[be'drift]
giuramento (m)	ed (m)	['ɛd]
giurare (vi)	å sverge	[ɔ 'sværgə]

decorazione (f)	belønning (m/f)	[be'lœniŋ]
decorare (qn)	å belønne	[ɔ be'lœnə]
medaglia (f)	medalje (m)	[me'dɑljə]
ordine (m) (~ al Merito)	orden (m)	['ɔrdən]

vittoria (f)	seier (m)	['sæejər]
sconfitta (m)	nederlag (n)	['nedə‚lɑg]
armistizio (m)	våpenhvile (m)	['vɔpən‚vilə]

bandiera (f)	fane (m)	['fɑnə]
gloria (f)	berømmelse (m)	[be'rœmətsə]
parata (f)	parade (m)	[pɑ'rɑdə]
marciare (in parata)	å marsjere	[ɔ mɑ'ʂerə]

114. Armi

armi (f pl)	våpen (n)	['vɔpən]
arma (f) da fuoco	skytevåpen (n)	['ʂytə‚vɔpən]
arma (f) bianca	blankvåpen (n)	['blɑŋk‚vɔpən]

armi (f pl) chimiche	kjemisk våpen (n)	['çemisk ‚vɔpən]
nucleare (agg)	kjerne-	['çæːŋə-]
armi (f pl) nucleari	kjernevåpen (n)	['çæːŋə‚vɔpən]

bomba (f)	bombe (m)	['bʊmbə]
bomba (f) atomica	atombombe (m)	[ɑ'tʊmˌbʊmbə]
pistola (f)	pistol (m)	[pi'stʊl]
fucile (m)	gevær (n)	[ge'vær]
mitra (m)	maskinpistol (m)	[mɑ'ʂin piˌstʊl]
mitragliatrice (f)	maskingevær (n)	[mɑ'ʂin geˌvær]
bocca (f)	munning (m)	['mʉniŋ]
canna (f)	løp (n)	['løp]
calibro (m)	kaliber (m/n)	[kɑ'libər]
grilletto (m)	avtrekker (m)	['ɑvˌtrɛkər]
mirino (m)	sikte (n)	['siktə]
caricatore (m)	magasin (n)	[mɑgɑ'sin]
calcio (m)	kolbe (m)	['kɔlbə]
bomba (f) a mano	håndgranat (m)	['hɔnˌgrɑ'nɑt]
esplosivo (m)	sprengstoff (n)	['sprɛŋˌstɔf]
pallottola (f)	kule (m/f)	['kʉːlə]
cartuccia (f)	patron (m)	[pɑ'trʊn]
carica (f)	ladning (m)	['lɑdniŋ]
munizioni (f pl)	ammunisjon (m)	[ɑmʉni'ʂʊn]
bombardiere (m)	bombefly (n)	['bʊmbəˌfly]
aereo (m) da caccia	jagerfly (n)	['jɑgərˌfly]
elicottero (m)	helikopter (n)	[heli'kɔptər]
cannone (m) antiaereo	luftvernkanon (m)	['lʉftvɛːɳ kɑ'nʊn]
carro (m) armato	stridsvogn (m/f)	['stridsˌvɔŋn]
cannone (m)	kanon (m)	[kɑ'nʊn]
artiglieria (f)	artilleri (n)	[ˌɑːʈile'ri]
cannone (m)	kanon (m)	[kɑ'nʊn]
mirare a ...	å rette	[ɔ 'rɛtə]
proiettile (m)	projektil (m)	[prʊek'til]
granata (f) da mortaio	granat (m/f)	[grɑ'nɑt]
mortaio (m)	granatkaster (m)	[grɑ'nɑtˌkɑstər]
scheggia (f)	splint (m)	['splint]
sottomarino (m)	ubåt (m)	['ʉːˌbot]
siluro (m)	torpedo (m)	[tʊr'pedʊ]
missile (m)	rakett (m)	[rɑ'kɛt]
caricare (~ una pistola)	å lade	[ɔ 'lɑdə]
sparare (vi)	å skyte	[ɔ 'ʂytə]
puntare su ...	å sikte på ...	[ɔ 'siktə pɔ ...]
baionetta (f)	bajonett (m)	[bɑjo'nɛt]
spada (f)	kårde (m)	['koːrdə]
sciabola (f)	sabel (m)	['sɑbəl]
lancia (f)	spyd (n)	['spyd]
arco (m)	bue (m)	['bʉːə]
freccia (f)	pil (m/f)	['pil]

moschetto (m)	muskett (m)	[mʉ'skɛt]
balestra (f)	armbrøst (m)	['arm‚brøst]

115. Gli antichi

primitivo (agg)	ur-	['ʉr-]
preistorico (agg)	forhistorisk	['fɔrhi‚stʉrisk]
antico (agg)	oldtidens, antikkens	['ɔl‚tidəns], [an'tikəns]

Età (f) della pietra	Steinalderen	['stæjn‚alderən]
Età (f) del bronzo	bronsealder (m)	['brɔnsə‚aldər]
epoca (f) glaciale	istid (m/f)	['is‚tid]

tribù (f)	stamme (m)	['stamə]
cannibale (m)	kannibal (m)	[kani'bal]
cacciatore (m)	jeger (m)	['jɛ:gər]
cacciare (vt)	å jage	[ɔ 'jagə]
mammut (m)	mammut (m)	['mamʉt]

caverna (f), grotta (f)	grotte (m/f)	['grɔtə]
fuoco (m)	ild (m)	['il]
falò (m)	bål (n)	['bɔl]
pittura (f) rupestre	helleristning (m/f)	['hɛlə‚ristniŋ]

strumento (m) di lavoro	redskap (m/n)	['rɛd‚skap]
lancia (f)	spyd (n)	['spyd]
ascia (f) di pietra	steinøks (m/f)	['stæjn‚øks]
essere in guerra	å være i krig	[ɔ 'værə i ‚krig]
addomesticare (vt)	å temme	[ɔ 'tɛmə]
idolo (m)	idol (m)	[i'dʉl]
idolatrare (vt)	å dyrke	[ɔ 'dyrkə]
superstizione (f)	overtro (m)	['ɔvə‚trʉ]
rito (m)	ritual (n)	[ritʉ'al]

evoluzione (f)	evolusjon (m)	[ɛvɔlʉ'ʂʉn]
sviluppo (m)	utvikling (m/f)	['ʉt‚vikliŋ]
estinzione (f)	forsvinning (m/f)	[fɔ'ʂviniŋ]
adattarsi (vr)	å tilpasse seg	[ɔ 'til‚pasə sæj]

archeologia (f)	arkeologi (m)	[‚arkeʉlʉ'gi]
archeologo (m)	arkeolog (m)	[‚arkeʉ'lɔg]
archeologico (agg)	arkeologisk	[‚arkeʉ'lɔgisk]

sito (m) archeologico	utgravingssted (n)	['ʉt‚graviŋs ‚sted]
scavi (m pl)	utgravinger (m/f pl)	['ʉt‚graviŋər]
reperto (m)	funn (n)	['fʉn]
frammento (m)	fragment (n)	[frag'mɛnt]

116. Il Medio Evo

popolo (m)	folk (n)	['fɔlk]
popoli (m pl)	folk (n pl)	['fɔlk]

tribù (f)	stamme (m)	['stɑmə]
tribù (f pl)	stammer (m pl)	['stɑmər]

barbari (m pl)	barbarer (m pl)	[bɑr'bɑrər]
galli (m pl)	gallere (m pl)	['gɑlere]
goti (m pl)	gotere (m pl)	['gɔterə]
slavi (m pl)	slavere (m pl)	['slɑvɛrə]
vichinghi (m pl)	vikinger (m pl)	['vikiŋər]

romani (m pl)	romere (m pl)	['rʊmerə]
romano (agg)	romersk	['rʊmæʂk]

bizantini (m pl)	bysantiner (m pl)	[bysɑn'tinər]
Bisanzio (m)	Bysants	[by'sɑnts]
bizantino (agg)	bysantinsk	[bysɑn'tinsk]

imperatore (m)	keiser (m)	['kæjsər]
capo (m)	høvding (m)	['høvdiŋ]
potente (un re ~)	mektig	['mɛkti]
re (m)	konge (m)	['kʊŋə]
governante (m) (sovrano)	hersker (m)	['hæʂkər]

cavaliere (m)	ridder (m)	['ridər]
feudatario (m)	føydalherre (m)	['føjdɑl‚hɛrə]
feudale (agg)	føydal	['føjdɑl]
vassallo (m)	vasall (m)	[vɑ'sɑl]

duca (m)	hertug (m)	['hæːʈʉg]
conte (m)	greve (m)	['grevə]
barone (m)	baron (m)	[bɑ'rʊn]
vescovo (m)	biskop (m)	['biskɔp]

armatura (f)	rustning (m/f)	['rʊstniŋ]
scudo (m)	skjold (n)	['ʂɔl]
spada (f)	sverd (n)	['sværd]
visiera (f)	visir (n)	[vi'sir]
cotta (f) di maglia	ringbrynje (m/f)	['riŋ‚brynje]

crociata (f)	korstog (n)	['kɔːʂ‚tɔg]
crociato (m)	korsfarer (m)	['kɔːʂ‚fɑrər]

territorio (m)	territorium (n)	[tɛri'tʉrium]
attaccare (vt)	å angripe	[ɔ 'ɑn‚gripə]
conquistare (vt)	å erobre	[ɔ ɛ'rʉbrə]
occupare (invadere)	å okkupere	[ɔ ɔkʉ'perə]

assedio (m)	beleiring (m/f)	[be'læjriŋ]
assediato (agg)	beleiret	[be'læjrət]
assediare (vt)	å beleire	[ɔ be'læjre]

inquisizione (f)	inkvisisjon (m)	[inkvisi'ʂʊn]
inquisitore (m)	inkvisitor (m)	[inkvi'sitʉr]
tortura (f)	tortur (m)	[tɔː'ʈʉr]
crudele (agg)	brutal	[brʉ'tɑl]
eretico (m)	kjetter (m)	['çɛtər]
eresia (f)	kjetteri (n)	[çɛtə'ri]

navigazione (f)	sjøfart (m)	['şø,fɑ:t]
pirata (m)	pirat, sjørøver (m)	['pi'rɑt], ['şø,røvər]
pirateria (f)	sjørøveri (n)	['şø rɒvɛ'ri]
arrembaggio (m)	entring (m/f)	['ɛntriŋ]
bottino (m)	bytte (n)	['bʏtə]
tesori (m)	skatter (m pl)	['skɑtər]
scoperta (f)	oppdagelse (m)	['ɔp,dɑgəlsə]
scoprire (~ nuove terre)	å oppdage	[ɔ 'ɔp,dɑgə]
spedizione (f)	ekspedisjon (m)	[ɛkspedi'şʉn]
moschettiere (m)	musketer (m)	[mʉskə'ter]
cardinale (m)	kardinal (m)	[kɑ:ɟi'nɑl]
araldica (f)	heraldikk (m)	[herɑl'dik]
araldico (agg)	heraldisk	[he'rɑldisk]

117. Leader. Capo. Le autorità

re (m)	konge (m)	['kʊŋə]
regina (f)	dronning (m/f)	['drɔniŋ]
reale (agg)	kongelig	['kʊŋəli]
regno (m)	kongerike (n)	['kʊŋə,rikə]
principe (m)	prins (m)	['prins]
principessa (f)	prinsesse (m/f)	[prin'sɛsə]
presidente (m)	president (m)	[prɛsi'dɛnt]
vicepresidente (m)	visepresident (m)	['visə prɛsi'dɛnt]
senatore (m)	senator (m)	[se'nɑtʊr]
monarca (m)	monark (m)	[mʊ'nɑrk]
governante (m) (sovrano)	hersker (m)	['hæʂkər]
dittatore (m)	diktator (m)	[dik'tɑtʊr]
tiranno (m)	tyrann (m)	[ty'rɑn]
magnate (m)	magnat (m)	[mɑɲ'nɑt]
direttore (m)	direktør (m)	[dirɛk'tør]
capo (m)	sjef (m)	['ʂɛf]
dirigente (m)	forstander (m)	[fɔ'ʂtɑndər]
capo (m)	boss (m)	['bɔs]
proprietario (m)	eier (m)	['æjər]
leader (m)	leder (m)	['ledər]
capo (m) (~ delegazione)	leder (m)	['ledər]
autorità (f pl)	myndigheter (m pl)	['mʏndi,hetər]
superiori (m pl)	overordnede (pl)	['ɔvər,ɔrdnedə]
governatore (m)	guvernør (m)	[gʉver'nør]
console (m)	konsul (m)	['kʊn,sʉl]
diplomatico (m)	diplomat (m)	[diplʉ'mɑt]
sindaco (m)	borgermester (m)	[bɔrgər'mɛstər]
sceriffo (m)	sheriff (m)	[ʂɛ'rif]
imperatore (m)	keiser (m)	['kæjsər]
zar (m)	tsar (m)	['tsɑr]

faraone (m)	farao (m)	['farau]
khan (m)	khan (m)	['kan]

118. Infrangere la legge. Criminali. Parte 1

bandito (m)	banditt (m)	[ban'dit]
delitto (m)	forbrytelse (m)	[fɔr'brytəlsə]
criminale (m)	forbryter (m)	[fɔr'brytər]
ladro (m)	tyv (m)	['tyv]
rubare (vi, vt)	å stjele	[ɔ 'stjelə]
rapire (vt)	å kidnappe	[ɔ 'kid,nɛpə]
rapimento (m)	kidnapping (m)	['kid,nɛpiŋ]
rapitore (m)	kidnapper (m)	['kid,nɛpər]
riscatto (m)	løsepenger (m pl)	['løsə,pɛŋər]
chiedere il riscatto	å kreve løsepenger	[ɔ 'krevə 'løsə,pɛŋər]
rapinare (vt)	å rane	[ɔ 'ranə]
rapina (f)	ran (n)	['ran]
rapinatore (m)	raner (m)	['ranər]
estorcere (vt)	å presse ut	[ɔ 'prɛsə ʉt]
estorsore (m)	utpresser (m)	['ʉt,prɛsər]
estorsione (f)	utpressing (m/f)	['ʉt,prɛsiŋ]
uccidere (vt)	å myrde	[ɔ 'myːdə]
assassinio (m)	mord (n)	['mʊr]
assassino (m)	morder (m)	['mʊrdər]
sparo (m)	skudd (n)	['skʉd]
tirare un colpo	å skyte av	[ɔ 'ṣytə aː]
abbattere (con armi da fuoco)	å skyte ned	[ɔ 'ṣytə ne]
sparare (vi)	å skyte	[ɔ 'ṣytə]
sparatoria (f)	skyting, skytning (m/f)	['ṣytiŋ], ['ṣytniŋ]
incidente (m) (rissa, ecc.)	hendelse (m)	['hɛndəlsə]
rissa (f)	slagsmål (n)	['ṣlaks,mol]
Aiuto!	Hjelp!	['jɛlp]
vittima (f)	offer (n)	['ɔfər]
danneggiare (vt)	å skade	[ɔ 'skadə]
danno (m)	skade (m)	['skadə]
cadavere (m)	lik (n)	['lik]
grave (reato ~)	alvorlig	[al'vɔːli̯]
aggredire (vt)	å anfalle	[ɔ 'an,falə]
picchiare (vt)	å slå	[ɔ 'ṣlɔ]
malmenare (picchiare)	å klå opp	[ɔ 'klɔ ɔp]
sottrarre (vt)	å berøve	[ɔ be'røvə]
accoltellare a morte	å stikke i hjel	[ɔ 'stikə i 'jel]
mutilare (vt)	å lemleste	[ɔ 'lem,lestə]
ferire (vt)	å såre	[ɔ 'soːrə]

ricatto (m)	utpressing (m/f)	['ʉtˌprɛsiŋ]
ricattare (vt)	å utpresse	[ɔ 'ʉtˌprɛsə]
ricattatore (m)	utpresser (m)	['ʉtˌprɛsər]
estorsione (f)	utpressing (m/f)	['ʉtˌprɛsiŋ]
estortore (m)	utpresser (m)	['ʉtˌprɛsər]
gangster (m)	gangster (m)	['gɛŋstər]
mafia (f)	mafia (m)	['mɑfiɑ]
borseggiatore (m)	lommetyv (m)	['lʊməˌtyv]
scassinatore (m)	innbruddstyv (m)	['inbrʉdsˌtyv]
contrabbando (m)	smugling (m/f)	['smʉgliŋ]
contrabbandiere (m)	smugler (m)	['smʉglər]
falsificazione (f)	forfalskning (m/f)	[fɔr'fɑlskniŋ]
falsificare (vt)	å forfalske	[ɔ fɔr'fɑlskə]
falso, falsificato (agg)	falsk	['fɑlsk]

119. Infrangere la legge. Criminali. Parte 2

stupro (m)	voldtekt (m)	['vɔlˌtɛkt]
stuprare (vt)	å voldta	[ɔ 'vɔlˌtɑ]
stupratore (m)	voldtektsmann (m)	['vɔlˌtɛkts mɑn]
maniaco (m)	maniker (m)	['mɑnikər]
prostituta (f)	prostituert (m)	[prʊstitʉ'eːt]
prostituzione (f)	prostitusjon (m)	[prʊstitʉ'ṣʊn]
magnaccia (m)	hallik (m)	['hɑlik]
drogato (m)	narkoman (m)	[nɑrkʊ'mɑn]
trafficante (m) di droga	narkolanger (m)	['nɑrkɔˌlɑŋər]
far esplodere	å sprenge	[ɔ 'sprɛŋə]
esplosione (f)	eksplosjon (m)	[ɛksplʊ'ṣʊn]
incendiare (vt)	å sette fyr	[ɔ 'sɛtə ˌfyr]
incendiario (m)	brannstifter (m)	['brɑnˌstiftər]
terrorismo (m)	terrorisme (m)	[tɛrʊ'rismə]
terrorista (m)	terrorist (m)	[tɛrʊ'rist]
ostaggio (m)	gissel (m)	['jisəl]
imbrogliare (vt)	å bedra	[ɔ be'drɑ]
imbroglio (m)	bedrag (n)	[be'drɑg]
imbroglione (m)	bedrager, svindler (m)	[be'drɑgər], ['svindlər]
corrompere (vt)	å bestikke	[ɔ be'stikə]
corruzione (f)	bestikkelse (m)	[be'stikəlsə]
bustarella (f)	bestikkelse (m)	[be'stikəlsə]
veleno (m)	gift (m/f)	['jift]
avvelenare (vt)	å forgifte	[ɔ fɔr'jiftə]
avvelenarsi (vr)	å forgifte seg selv	[ɔ fɔr'jiftə sæj sɛl]
suicidio (m)	selvmord (n)	['sɛlˌmʊr]
suicida (m)	selvmorder (m)	['sɛlˌmʊrdər]

minacciare (vt)	å true	[ɔ 'trʉə]
minaccia (f)	trussel (m)	['trusəl]
attentare (vi)	å begå mordforsøk	[ɔ be'gɔ 'mʊrdfɔˌsøk]
attentato (m)	mordforsøk (n)	['mʊrdfɔˌsøk]
rubare (~ una macchina)	å stjele	[ɔ 'stjelə]
dirottare (~ un aereo)	å kapre	[ɔ 'kaprə]
vendetta (f)	hevn (m)	['hɛvn]
vendicare (vt)	å hevne	[ɔ 'hɛvnə]
torturare (vt)	å torturere	[ɔ tɔːtʉ'rerə]
tortura (f)	tortur (m)	[tɔː'tʉr]
maltrattare (vt)	å plage	[ɔ 'plagə]
pirata (m)	pirat, sjørøver (m)	['pi'rat], ['ʂøˌrøvər]
teppista (m)	bølle (m)	['bølə]
armato (agg)	bevæpnet	[be'væpnət]
violenza (f)	vold (m)	['vɔl]
illegale (agg)	illegal	['ileˌgal]
spionaggio (m)	spionasje (m)	[spiʉ'naʂə]
spiare (vi)	å spionere	[ɔ spiʉ'nerə]

120. Polizia. Legge. Parte 1

giustizia (f)	justis (m), rettspleie (m/f)	['jʉ'stis], ['rɛtsˌplæje]
tribunale (m)	rettssal (m)	['rɛtsˌsal]
giudice (m)	dommer (m)	['dɔmər]
giurati (m)	lagrettemedlemmer (n pl)	['lagˌrɛtə medle'mer]
processo (m) con giuria	lagrette, juryordning (m)	['lagˌrɛtə], ['jʉriˌɔrdniŋ]
giudicare (vt)	å dømme	[ɔ 'dœmə]
avvocato (m)	advokat (m)	[advʊ'kat]
imputato (m)	anklaget (m)	['anˌklaget]
banco (m) degli imputati	anklagebenk (m)	[an'klagəˌbɛnk]
accusa (f)	anklage (m)	['anˌklagə]
accusato (m)	anklagede (m)	['anˌklagedə]
condanna (f)	dom (m)	['dɔm]
condannare (vt)	å dømme	[ɔ 'dœmə]
colpevole (m)	skyldige (m)	['ʂyldiə]
punire (vt)	å straffe	[ɔ 'strafə]
punizione (f)	straff, avstraffelse (m)	['straf], ['afˌstrafəlsə]
multa (f), ammenda (f)	bot (m/f)	['bʊt]
ergastolo (m)	livsvarig fengsel (n)	['lifsˌvari 'fɛŋsəl]
pena (f) di morte	dødsstraff (m/f)	['dødˌstraf]
sedia (f) elettrica	elektrisk stol (m)	[ɛ'lektrisk ˌstʊl]
impiccagione (f)	galge (m)	['galgə]
giustiziare (vt)	å henrette	[ɔ 'hɛnˌrɛtə]

esecuzione (f)	henrettelse (m)	['hɛn͵rɛtəlsə]
prigione (f)	fengsel (n)	['fɛŋsəl]
cella (f)	celle (m)	['sɛlə]

scorta (f)	eskorte (m)	[ɛs'kɔ:tə]
guardia (f) carceraria	fangevokter (m)	['faŋə͵vɔktər]
prigioniero (m)	fange (m)	['faŋə]

manette (f pl)	håndjern (n pl)	['hɔnjæ:ŋ]
mettere le manette	å sette håndjern	[ɔ 'sɛtə 'hɔnjæ:ŋ]

fuga (f)	flykt (m/f)	['flʏkt]
fuggire (vi)	å flykte, å rømme	[ɔ 'flʏktə], [ɔ 'rœmə]
scomparire (vi)	å forsvinne	[ɔ fɔ'ʂvinə]
liberare (vt)	å løslate	[ɔ 'løs͵latə]
amnistia (f)	amnesti (m)	[amnɛ'sti]

polizia (f)	politi (n)	[pʊli'ti]
poliziotto (m)	politi (m)	[pʊli'ti]
commissariato (m)	politistasjon (m)	[pʊli'ti͵sta'ʂʊn]
manganello (m)	gummikølle (m/f)	['gʊmi͵kølə]
altoparlante (m)	megafon (m)	[mega'fʊn]

macchina (f) di pattuglia	patruljebil (m)	[pɑ'trʉljə͵bil]
sirena (f)	sirene (m/f)	[si'renə]
mettere la sirena	å slå på sirenen	[ɔ 'ʂlɔ pɔ si'renən]
suono (m) della sirena	sirene hyl (n)	[si'renə ͵hyl]

luogo (m) del crimine	åsted (n)	['ɔsted]
testimone (m)	vitne (n)	['vitnə]
libertà (f)	frihet (m)	['fri͵het]
complice (m)	medskyldig (m)	['mɛ͵ʂyldi]
fuggire (vi)	å flykte	[ɔ 'flʏktə]
traccia (f)	spor (n)	['spʊr]

121. Polizia. Legge. Parte 2

ricerca (f) (~ di un criminale)	ettersøking (m/f)	['ɛtə͵søkiŋ]
cercare (vt)	å søke etter ...	[ɔ 'søkə ͵ɛtər ...]
sospetto (m)	mistanke (m)	['mis͵tankə]
sospetto (agg)	mistenkelig	[mis'tɛnkəli]
fermare (vt)	å stoppe	[ɔ 'stɔpə]
arrestare (qn)	å anholde	[ɔ 'an͵hɔlə]

causa (f)	sak (m/f)	['sak]
inchiesta (f)	etterforskning (m/f)	['ɛtər͵fɔʂkniŋ]
detective (m)	detektiv (m)	[detɛk'tiv]
investigatore (m)	etterforsker (m)	['ɛtər͵fɔʂkər]
versione (f)	versjon (m)	[væ'ʂʊn]

movente (m)	motiv (n)	[mʊ'tiv]
interrogatorio (m)	forhør (n)	[fɔr'hør]
interrogare (sospetto)	å forhøre	[ɔ fɔr'hørə]
interrogare (vicini)	å avhøre	[ɔ 'av͵hørə]

Italiano	Norvegese	Pronuncia
controllo (m) (~ di polizia)	sjekking (m/f)	['ʂɛkiŋ]
retata (f)	rassia, razzia (m)	['rasia]
perquisizione (f)	ransakelse (m)	['ranˌsakəlsə]
inseguimento (m)	jakt (m/f)	['jakt]
inseguire (vt)	å forfølge	[ɔ fɔr'følə]
essere sulle tracce	å spore	[ɔ 'spʊrə]
arresto (m)	arrest (m)	[ɑ'rɛst]
arrestare (qn)	å arrestere	[ɔ arɛ'sterə]
catturare (~ un ladro)	å fange	[ɔ 'faŋə]
cattura (f)	pågripelse (m)	['pɔˌgripəlsə]
documento (m)	dokument (n)	[dɔkʉ'mɛnt]
prova (f), reperto (m)	bevis (n)	[be'vis]
provare (vt)	å bevise	[ɔ be'visə]
impronta (f) del piede	fotspor (n)	['fʊtˌspʊr]
impronte (f pl) digitali	fingeravtrykk (n pl)	['fiŋərˌavtrʏk]
elemento (m) di prova	bevis (n)	[be'vis]
alibi (m)	alibi (n)	['alibi]
innocente (agg)	uskyldig	[ʉ'syldi]
ingiustizia (f)	urettferdighet (m)	['ʉrɛtfærdiˌhet]
ingiusto (agg)	urettferdig	['ʉrɛtˌfærdi]
criminale (agg)	kriminell	[krimi'nɛl]
confiscare (vt)	å konfiskere	[ɔ kʊnfi'skerə]
droga (f)	narkotika (m)	[nar'kɔtika]
armi (f pl)	våpen (n)	['vɔpən]
disarmare (vt)	å avvæpne	[ɔ 'avˌvæpnə]
ordinare (vt)	å befale	[ɔ be'falə]
sparire (vi)	å forsvinne	[ɔ fɔ'ʂvinə]
legge (f)	lov (m)	['lɔv]
legale (agg)	lovlig	['lɔvli]
illegale (agg)	ulovlig	[ʉ'lɔvli]
responsabilità (f)	ansvar (n)	['anˌsvar]
responsabile (agg)	ansvarlig	[ans'vaːli]

LA NATURA

La Terra. Parte 1

122. L'Universo

cosmo (m)	rommet, kosmos (n)	['rʊmə], ['kɔsmɔs]
cosmico, spaziale (agg)	rom-	['rʊm-]
spazio (m) cosmico	ytre rom (n)	['ytrə ˌrʊm]
mondo (m)	verden (m)	['værdən]
universo (m)	univers (n)	[ʉni'væʂ]
galassia (f)	galakse (m)	[ɡɑ'lɑksə]
stella (f)	stjerne (m/f)	['stjæːŋə]
costellazione (f)	stjernebilde (n)	['stjæːŋəˌbildə]
pianeta (m)	planet (m)	[plɑ'net]
satellite (m)	satellitt (m)	[sɑtɛ'lit]
meteorite (m)	meteoritt (m)	[metɛʊ'rit]
cometa (f)	komet (m)	[kʊ'met]
asteroide (m)	asteroide (n)	[ɑstɛrʊ'idə]
orbita (f)	bane (m)	['bɑnə]
ruotare (vi)	å rotere	[ɔ rɔ'terə]
atmosfera (f)	atmosfære (m)	[ɑtmʊ'sfærə]
il Sole	Solen	['sʊlən]
sistema (m) solare	solsystem (n)	['sʊl sʏ'stem]
eclisse (f) solare	solformørkelse (m)	['sʊl fɔr'mœrkəlsə]
la Terra	Jorden	['juːrən]
la Luna	Månen	['moːnən]
Marte (m)	Mars	['mɑʂ]
Venere (f)	Venus	['venʉs]
Giove (m)	Jupiter	['jʉpitər]
Saturno (m)	Saturn	['sɑˌtʉːŋ]
Mercurio (m)	Merkur	[mær'kʉr]
Urano (m)	Uranus	[ʉ'rɑnʉs]
Nettuno (m)	Neptun	[nɛp'tʉn]
Plutone (m)	Pluto	['plʉtʉ]
Via (f) Lattea	Melkeveien	['mɛlkəˌvæjən]
Orsa (f) Maggiore	den Store Bjørn	['dən 'stʉrə ˌbjœːŋ]
Stella (f) Polare	Nordstjernen, Polaris	['nʉːrˌstjæːŋən], [pɔ'lɑris]
marziano (m)	marsbeboer (m)	['mɑʂˌbebʊər]
extraterrestre (m)	utenomjordisk vesen (n)	['ʉtənɔmˌjuːrdisk 'vesən]

alieno (m)	romvesen (n)	['rʊmˌvesən]
disco (m) volante	flygende tallerken (m)	['flygenə tɑ'lærkən]
nave (f) spaziale	romskip (n)	['rʊmˌʂip]
stazione (f) spaziale	romstasjon (m)	['rʊmˌstɑ'ʂun]
lancio (m)	start (m), oppskyting (m/f)	['stɑːt], ['ɔpˌʂytiŋ]
motore (m)	motor (m)	['motʊr]
ugello (m)	dyse (m)	['dysə]
combustibile (m)	brensel (n), drivstoff (n)	['brɛnsəl], ['drifˌstɔf]
cabina (f) di pilotaggio	cockpit (m), flydekk (n)	['kɔkpit], ['flyˌdɛk]
antenna (f)	antenne (m)	[ɑn'tɛnə]
oblò (m)	koøye (n)	['kuˌøjə]
batteria (f) solare	solbatteri (n)	['sʊl bɑtɛ'ri]
scafandro (m)	romdrakt (m/f)	['rʊmˌdrɑkt]
imponderabilità (f)	vektløshet (m/f)	['vɛktløsˌhet]
ossigeno (m)	oksygen (n)	['ɔksy'gen]
aggancio (m)	dokking (m/f)	['dɔkiŋ]
agganciarsi (vr)	å dokke	[ɔ 'dɔkə]
osservatorio (m)	observatorium (n)	[ɔbsərvɑ'tʊrium]
telescopio (m)	teleskop (n)	[tele'skʊp]
osservare (vt)	å observere	[ɔ ɔbsɛr'verə]
esplorare (vt)	å utforske	[ɔ 'ʉtˌføʂkə]

123. La Terra

la Terra	Jorden	['juːrən]
globo (m) terrestre	jordklode (m)	['juːrˌklodə]
pianeta (m)	planet (m)	[plɑ'net]
atmosfera (f)	atmosfære (m)	[ɑtmʊ'sfærə]
geografia (f)	geografi (m)	[geʉgrɑ'fi]
natura (f)	natur (m)	[nɑ'tʉr]
mappamondo (m)	globus (m)	['globʉs]
carta (f) geografica	kart (n)	['kɑːt]
atlante (m)	atlas (n)	['ɑtlɑs]
Europa (f)	Europa	[ɛʉ'rʊpɑ]
Asia (f)	Asia	['ɑsiɑ]
Africa (f)	Afrika	['ɑfrikɑ]
Australia (f)	Australia	[aʉ'strɑliɑ]
America (f)	Amerika	[ɑ'merikɑ]
America (f) del Nord	Nord-Amerika	['nʊːr ɑ'merikɑ]
America (f) del Sud	Sør-Amerika	['sør ɑ'merikɑ]
Antartide (f)	Antarktis	[ɑn'tɑrktis]
Artico (m)	Arktis	['ɑrktis]

124. Punti cardinali

nord (m)	nord (n)	['nuːr]
a nord	mot nord	[mʊt 'nuːr]
al nord	i nord	[i 'nuːr]
del nord (agg)	nordlig	['nuːrli]
sud (m)	syd, sør	['syd], ['sør]
a sud	mot sør	[mʊt 'sør]
al sud	i sør	[i 'sør]
del sud (agg)	sydlig, sørlig	['sydli], ['søːli]
ovest (m)	vest (m)	['vɛst]
a ovest	mot vest	[mʊt 'vɛst]
all'ovest	i vest	[i 'vɛst]
dell'ovest, occidentale	vestlig, vest-	['vɛstli]
est (m)	øst (m)	['øst]
a est	mot øst	[mʊt 'øst]
all'est	i øst	[i 'øst]
dell'est, orientale	østlig	['østli]

125. Mare. Oceano

mare (m)	hav (n)	['hɑv]
oceano (m)	verdenshav (n)	[værdəns'hɑv]
golfo (m)	bukt (m/f)	['bʉkt]
stretto (m)	sund (n)	['sʉn]
terra (f) (terra firma)	fastland (n)	['fɑst‚lɑn]
continente (m)	fastland, kontinent (n)	['fɑst‚lɑn], [kʊnti'nɛnt]
isola (f)	øy (m/f)	['øj]
penisola (f)	halvøy (m/f)	['hɑl‚øːj]
arcipelago (m)	skjærgård (m), arkipelag (n)	['şær‚gɔr], [ɑrkipe'lɑg]
baia (f)	bukt (m/f)	['bʉkt]
porto (m)	havn (m/f)	['hɑvn]
laguna (f)	lagune (m)	[lɑ'gʉnə]
capo (m)	nes (n), kapp (n)	['nes], ['kɑp]
atollo (m)	atoll (m)	[ɑ'tɔl]
scogliera (f)	rev (n)	['rev]
corallo (m)	korall (m)	[kʊ'rɑl]
barriera (f) corallina	korallrev (n)	[kʊ'rɑl‚rɛv]
profondo (agg)	dyp	['dyp]
profondità (f)	dybde (m)	['dʏbdə]
abisso (m)	avgrunn (m)	['ɑv‚grʉn]
fossa (f) (~ delle Marianne)	dyphavsgrop (m/f)	['dyphɑfs‚grɔp]
corrente (f)	strøm (m)	['strøm]
circondare (vt)	å omgi	[ɔ 'ɔm‚ji]
litorale (m)	kyst (m)	['çyst]

Italiano	Norvegese	Pronuncia
costa (f)	kyst (m)	['çyst]
alta marea (f)	flo (m/f)	['fluː]
bassa marea (f)	ebbe (m), fjære (m/f)	['ɛbə], ['fjæːrə]
banco (m) di sabbia	sandbanke (m)	['sanˌbankə]
fondo (m)	bunn (m)	['bʉn]
onda (f)	bølge (m)	['bølgə]
cresta (f) dell'onda	bølgekam (m)	['bølgəˌkam]
schiuma (f)	skum (n)	['skʉm]
tempesta (f)	storm (m)	['stɔrm]
uragano (m)	orkan (m)	[ɔr'kan]
tsunami (m)	tsunami (m)	[tsʉ'nami]
bonaccia (f)	stille (m/f)	['stilə]
tranquillo (agg)	stille	['stilə]
polo (m)	pol (m)	['pʉl]
polare (agg)	pol-, polar	['pʉl-], [pʉ'lar]
latitudine (f)	bredde, latitude (m)	['brɛdə], ['latiˌtʉdə]
longitudine (f)	lengde (m/f)	['leŋdə]
parallelo (m)	breddegrad (m)	['brɛdəˌgrad]
equatore (m)	ekvator (m)	[ɛ'kvatʉr]
cielo (m)	himmel (m)	['himəl]
orizzonte (m)	horisont (m)	[hʉri'sɔnt]
aria (f)	luft (f)	['lʉft]
faro (m)	fyr (n)	['fyr]
tuffarsi (vr)	å dykke	[ɔ 'dʏkə]
affondare (andare a fondo)	å synke	[ɔ 'sʏnkə]
tesori (m)	skatter (m pl)	['skatər]

126. Nomi dei mari e degli oceani

Italiano	Norvegese	Pronuncia
Oceano (m) Atlantico	Atlanterhavet	[at'lantərˌhavə]
Oceano (m) Indiano	Indiahavet	['indiaˌhavə]
Oceano (m) Pacifico	Stillehavet	['stiləˌhavə]
mar (m) Glaciale Artico	Polhavet	['pɔlˌhavə]
mar (m) Nero	Svartehavet	['svaːʈəˌhavə]
mar (m) Rosso	Rødehavet	['rødəˌhavə]
mar (m) Giallo	Gulehavet	['gʉləˌhavə]
mar (m) Bianco	Kvitsjøen, Hvitehavet	['kvitˌsøːn], ['vitˌhavə]
mar (m) Caspio	Kaspihavet	['kaspiˌhavə]
mar (m) Morto	Dødehavet	['dødəˌhavə]
mar (m) Mediterraneo	Middelhavet	['midəlˌhavə]
mar (m) Egeo	Egeerhavet	[ɛ'geːərˌhavə]
mar (m) Adriatico	Adriahavet	['adriaˌhavə]
mar (m) Arabico	Arabiahavet	[a'rabiaˌhavə]
mar (m) del Giappone	Japanhavet	['japanˌhavə]

mare (m) di Bering	Beringhavet	['beriŋˌhɑve]
mar (m) Cinese meridionale	Sør-Kina-havet	['sørˌçinɑ 'hɑve]
mar (m) dei Coralli	Korallhavet	[kʉ'rɑlˌhɑve]
mar (m) di Tasman	Tasmanhavet	[tɑs'mɑnˌhɑve]
mar (m) dei Caraibi	Karibhavet	[kɑ'ribˌhɑve]
mare (m) di Barents	Barentshavet	['bɑrɛnsˌhɑve]
mare (m) di Kara	Karahavet	['kɑrɑˌhɑve]
mare (m) del Nord	Nordsjøen	['nʉːrˌsøːn]
mar (m) Baltico	Østersjøen	['østəˌsøːn]
mare (m) di Norvegia	Norskehavet	['nɔʂkəˌhɑve]

127. Montagne

monte (m), montagna (f)	fjell (n)	['fjɛl]
catena (f) montuosa	fjellkjede (m)	['fjɛlˌçɛːdə]
crinale (m)	fjellrygg (m)	['fjɛlˌrʏg]
cima (f)	topp (m)	['tɔp]
picco (m)	tind (m)	['tin]
piedi (m pl)	fot (m)	['fʉt]
pendio (m)	skråning (m)	['skrɔniŋ]
vulcano (m)	vulkan (m)	[vʉl'kɑn]
vulcano (m) attivo	virksom vulkan (m)	['virksɔm vʉl'kɑn]
vulcano (m) inattivo	utslukt vulkan (m)	['ʉtˌslʉkt vʉl'kɑn]
eruzione (f)	utbrudd (n)	['ʉtˌbrʉd]
cratere (m)	krater (n)	['krɑtər]
magma (m)	magma (m/n)	['mɑgmɑ]
lava (f)	lava (m)	['lɑvɑ]
fuso (lava ~a)	glødende	['glødənə]
canyon (m)	canyon (m)	['kɑnjən]
gola (f)	gjel (n), kløft (m)	['jel], ['klœft]
crepaccio (m)	renne (m/f)	['rɛnə]
precipizio (m)	avgrunn (m)	['ɑvˌgrʉn]
passo (m), valico (m)	pass (n)	['pɑs]
altopiano (m)	platå (n)	[plɑ'toː]
falesia (f)	klippe (m)	['klipə]
collina (f)	ås (m)	['ɔs]
ghiacciaio (m)	bre, jøkel (m)	['bre], ['jøkəl]
cascata (f)	foss (m)	['fɔs]
geyser (m)	geysir (m)	['gɛjsir]
lago (m)	innsjø (m)	['inˌʂø]
pianura (f)	slette (m/f)	['ʂletə]
paesaggio (m)	landskap (n)	['lɑnˌskɑp]
eco (f)	ekko (n)	['ɛkʉ]
alpinista (m)	alpinist (m)	[ɑlpi'nist]

scalatore (m)	fjellklatrer (m)	['fjɛlˌklatrər]
conquistare (~ una cima)	å erobre	[ɔ ɛ'rʉbrə]
scalata (f)	bestigning (m/f)	[be'stigniŋ]

128. Nomi delle montagne

Alpi (f pl)	Alpene	['alpenə]
Monte (m) Bianco	Mont Blanc	[ˌmɔn'blɑn]
Pirenei (m pl)	Pyreneene	[pyre'neːənə]

Carpazi (m pl)	Karpatene	[kɑr'patenə]
gli Urali (m pl)	Uralfjellene	[ʉ'ral ˌfjɛlenə]
Caucaso (m)	Kaukasus	['kaʉkɑsʉs]
Monte (m) Elbrus	Elbrus	[ɛl'brʉs]

Monti (m pl) Altai	Altaj	[al'taj]
Tien Shan (m)	Tien Shan	[ti'enˌsɑn]
Pamir (m)	Pamir	[pa'mir]
Himalaia (m)	Himalaya	[himɑ'lɑjɑ]
Everest (m)	Everest	['ɛve'rɛst]

| Ande (f pl) | Andes | ['andəs] |
| Kilimangiaro (m) | Kilimanjaro | [kiliman'dʂarʉ] |

129. Fiumi

fiume (m)	elv (m/f)	['ɛlv]
fonte (f) (sorgente)	kilde (m)	['çildə]
letto (m) (~ del fiume)	elveleie (n)	['ɛlvəˌlæje]
bacino (m)	flodbasseng (n)	['flʊd bɑˌseŋ]
sfociare nel ...	å munne ut ...	[ɔ 'mʉnə ʉt ...]

| affluente (m) | bielv (m/f) | ['biˌelv] |
| riva (f) | bredd (m) | ['brɛd] |

corrente (f)	strøm (m)	['strøm]
a valle	medstrøms	['meˌstrøms]
a monte	motstrøms	['mʊtˌstrøms]

inondazione (f)	oversvømmelse (m)	['ɔvəˌsvœmelsə]
piena (f)	flom (m)	['flɔm]
straripare (vi)	å overflø	[ɔ 'ɔvərˌflø]
inondare (vt)	å oversvømme	[ɔ 'ɔvəˌsvœme]

| secca (f) | grunne (m/f) | ['grʉnə] |
| rapida (f) | stryk (m/n) | ['stryk] |

diga (f)	demning (m)	['dɛmniŋ]
canale (m)	kanal (m)	[kɑ'nɑl]
bacino (m) di riserva	reservoar (n)	[resɛrvʊ'ɑr]
chiusa (f)	sluse (m)	['slʉsə]
specchio (m) d'acqua	vannmasse (m)	['vanˌmasə]

palude (f)	myr, sump (m)	['myr], ['sʉmp]
pantano (m)	hengemyr (m)	['hɛŋəˌmyr]
vortice (m)	virvel (m)	['virvəl]
ruscello (m)	bekk (m)	['bɛk]
potabile (agg)	drikke-	['drikə-]
dolce (di acqua ~)	fersk-	['fæʂk-]
ghiaccio (m)	is (m)	['is]
ghiacciarsi (vr)	å fryse til	[ɔ 'frysə til]

130. Nomi dei fiumi

Senna (f)	Seine	['sɛːn]
Loira (f)	Loire	[lu'ɑːr]
Tamigi (m)	**Themsen**	['tɛmsən]
Reno (m)	**Rhinen**	['riːnən]
Danubio (m)	**Donau**	['dɔnaʊ]
Volga (m)	**Volga**	['vɔlga]
Don (m)	**Don**	['dɔn]
Lena (f)	**Lena**	['lena]
Fiume (m) Giallo	**Huang He**	[ˌhwɑn'hɛ]
Fiume (m) Azzurro	**Yangtze**	['jaŋtse]
Mekong (m)	**Mekong**	[me'kɔŋ]
Gange (m)	**Ganges**	['gaŋes]
Nilo (m)	**Nilen**	['nilən]
Congo (m)	**Kongo**	['kɔngʊ]
Okavango	**Okavango**	[ʊka'vangʊ]
Zambesi (m)	**Zambezi**	[sam'besi]
Limpopo (m)	**Limpopo**	[limpɔ'pɔ]
Mississippi (m)	**Mississippi**	['misi'sipi]

131. Foresta

foresta (f)	skog (m)	['skʊg]
forestale (agg)	skog-	['skʊg-]
foresta (f) fitta	tett skog (n)	['tɛt ˌskʊg]
boschetto (m)	lund (m)	['lʉn]
radura (f)	glenne (m/f)	['glenə]
roveto (m)	krattskog (m)	['kratˌskʊg]
boscaglia (f)	kratt (n)	['krat]
sentiero (m)	sti (m)	['sti]
calanco (m)	ravine (m)	[ra'vinə]
albero (m)	tre (n)	['trɛ]
foglia (f)	blad (n)	['blɑ]

Italiano	Norvegese	Pronuncia
fogliame (m)	løv (n)	['løv]
caduta (f) delle foglie	løvfall (n)	['løv͵fɑl]
cadere (vi)	å falle	[ɔ 'fɑlə]
cima (f)	tretopp (m)	['trɛ͵tɔp]

ramo (m), ramoscello (m)	kvist, gren (m)	['kvist], ['gren]
ramo (m)	gren, grein (m/f)	['gren], ['græjn]
gemma (f)	knopp (m)	['knɔp]
ago (m)	nål (m/f)	['nɔl]
pigna (f)	kongle (m/f)	['kʊŋlə]

cavità (f)	trehull (n)	['trɛ͵hʉl]
nido (m)	reir (n)	['ræjr]
tana (f) (del fox, ecc.)	hule (m/f)	['hʉlə]

tronco (m)	stamme (m)	['stɑmə]
radice (f)	rot (m/f)	['rʊt]
corteccia (f)	bark (m)	['bɑrk]
musco (m)	mose (m)	['mʊsə]

sradicare (vt)	å rykke opp med roten	[ɔ 'rʏkə ɔp me 'rutən]
abbattere (~ un albero)	å felle	[ɔ 'fɛlə]
disboscare (vt)	å hogge ned	[ɔ 'hɔgə 'ne]
ceppo (m)	stubbe (m)	['stʉbə]

falò (m)	bål (n)	['bɔl]
incendio (m) boschivo	skogbrann (m)	['skʊg͵brɑn]
spegnere (vt)	å slokke	[ɔ 'ʂløkə]

guardia (f) forestale	skogvokter (m)	['skʊg͵vɔktər]
protezione (f)	vern (n), beskyttelse (m)	['væːn], [be'ʂytəlsə]
proteggere (~ la natura)	å beskytte	[ɔ be'ʂytə]
bracconiere (m)	tyvskytter (m)	['tyf͵ʂytər]
tagliola (f) (~ per orsi)	saks (m/f)	['sɑks]

raccogliere (vt)	å plukke	[ɔ 'plʉkə]
perdersi (vr)	å gå seg vill	[ɔ 'gɔ sæj 'vil]

132. Risorse naturali

risorse (f pl) naturali	naturressurser (m pl)	[nɑ'tʉr rɛ'sʉsər]
minerali (m pl)	mineraler (n pl)	[minə'rɑlər]
deposito (m) (~ di carbone)	forekomster (m pl)	['fɔrə͵kɔmstər]
giacimento (m) (~ petrolifero)	felt (m)	['fɛlt]

estrarre (vt)	å utvinne	[ɔ 'ʉt͵vinə]
estrazione (f)	utvinning (m/f)	['ʉt͵viniŋ]
minerale (m) grezzo	malm (m)	['mɑlm]
miniera (f)	gruve (m/f)	['grʉvə]
pozzo (m) di miniera	gruvesjakt (m/f)	['grʉvə͵ʂɑkt]
minatore (m)	gruvearbeider (m)	['grʉvə'ɑr͵bæjdər]

gas (m)	gass (m)	['gɑs]
gasdotto (m)	gassledning (m)	['gɑs͵ledniŋ]

petrolio (m)	olje (m)	['ɔljə]
oleodotto (m)	oljeledning (m)	['ɔljə͵edniŋ]
torre (f) di estrazione	oljebrønn (m)	['ɔljə͵brœn]
torre (f) di trivellazione	boretårn (n)	['boːrə͵toːɳ]
petroliera (f)	tankskip (n)	['tɑŋk͵ʂip]
sabbia (f)	sand (m)	['sɑn]
calcare (m)	kalkstein (m)	['kɑlk͵stæjn]
ghiaia (f)	grus (m)	['grʉs]
torba (f)	torv (m/f)	['tɔrv]
argilla (f)	leir (n)	['læjr]
carbone (m)	kull (n)	['kʉl]
ferro (m)	jern (n)	['jæːɳ]
oro (m)	gull (n)	['gʉl]
argento (m)	sølv (n)	['søl]
nichel (m)	nikkel (m)	['nikəl]
rame (m)	kobber (n)	['kɔbər]
zinco (m)	sink (m/n)	['sink]
manganese (m)	mangan (m/n)	[mɑ'ŋɑn]
mercurio (m)	kvikksølv (n)	['kvik͵søl]
piombo (m)	bly (n)	['bly]
minerale (m)	mineral (n)	[minə'rɑl]
cristallo (m)	krystall (m/n)	[kry'stɑl]
marmo (m)	marmor (m/n)	['mɑrmʊr]
uranio (m)	uran (m/n)	[ʉ'rɑn]

La Terra. Parte 2

133. Tempo

tempo (m)	vær (n)	['vær]
previsione (f) del tempo	værvarsel (n)	['værˌvaʂəl]
temperatura (f)	temperatur (m)	[tɛmpəraˈtʉr]
termometro (m)	termometer (n)	[tɛrmʉˈmetər]
barometro (m)	barometer (n)	[barʉˈmetər]
umido (agg)	fuktig	['fʉkti]
umidità (f)	fuktighet (m)	['fʉktiˌhet]
caldo (m), afa (f)	hete (m)	['heːtə]
molto caldo (agg)	het	['het]
fa molto caldo	det er hett	[de ær 'het]
fa caldo	det er varmt	[de ær 'vɑrmt]
caldo, mite (agg)	varm	['vɑrm]
fa freddo	det er kaldt	[de ær 'kɑlt]
freddo (agg)	kald	['kɑl]
sole (m)	sol (m/f)	['sʉl]
splendere (vi)	å skinne	[ɔ 'ʂinə]
di sole (una giornata ~)	solrik	['sʉlˌrik]
sorgere, levarsi (vr)	å gå opp	[ɔ 'gɔ ɔp]
tramontare (vi)	å gå ned	[ɔ 'gɔ ne]
nuvola (f)	sky (m)	['ʂy]
nuvoloso (agg)	skyet	['ʂyːət]
nube (f) di pioggia	regnsky (m/f)	['ræjnˌʂy]
nuvoloso (agg)	mørk	['mœrk]
pioggia (f)	regn (n)	['ræjn]
piove	det regner	[de 'ræjnər]
piovoso (agg)	regnværs-	['ræjnˌvæʂ-]
piovigginare (vi)	å småregne	[ɔ 'smoːræjnə]
pioggia (f) torrenziale	piskende regn (n)	['piskenə ˌræjn]
acquazzone (m)	styrtregn (n)	['styːtˌræjn]
forte (una ~ pioggia)	kraftig, sterk	['krɑfti], ['stærk]
pozzanghera (f)	vannpytt (m)	['vɑnˌpyt]
bagnarsi (~ sotto la pioggia)	å bli våt	[ɔ 'bli 'vɔt]
foschia (f), nebbia (f)	tåke (m/f)	['toːkə]
nebbioso (agg)	tåke	['toːkə]
neve (f)	snø (m)	['snø]
nevica	det snør	[de 'snør]

134. Rigide condizioni metereologiche. Disastri naturali

temporale (m)	tordenvær (n)	['tʊrdən‚vær]
fulmine (f)	lyn (n)	['lyn]
lampeggiare (vi)	å glimte	[ɔ 'glimtə]
tuono (m)	torden (m)	['tʊrdən]
tuonare (vi)	å tordne	[ɔ 'tʊrdnə]
tuona	det tordner	[de 'tʊrdnər]
grandine (f)	hagle (m/f)	['haglə]
grandina	det hagler	[de 'haglər]
inondare (vt)	å oversvømme	[ɔ 'ɔvə‚svœmə]
inondazione (f)	oversvømmelse (m)	['ɔvə‚svœməlsə]
terremoto (m)	jordskjelv (n)	['ju:r‚sɛlv]
scossa (f)	skjelv (n)	['sɛlv]
epicentro (m)	episenter (n)	[ɛpi'sɛntər]
eruzione (f)	utbrudd (n)	['ʉt‚brʉd]
lava (f)	lava (m)	['lava]
tromba (f) d'aria	skypumpe (m/f)	['sy‚pʉmpə]
tornado (m)	tornado (m)	[tʊ:'ŋadʊ]
tifone (m)	tyfon (m)	[ty'fʊn]
uragano (m)	orkan (m)	[ɔr'kan]
tempesta (f)	storm (m)	['stɔrm]
tsunami (m)	tsunami (m)	[tsʉ'nami]
ciclone (m)	syklon (m)	[sy'klun]
maltempo (m)	uvær (n)	['ʉ:‚vær]
incendio (m)	brann (m)	['bran]
disastro (m)	katastrofe (m)	[kata'strɔfə]
meteorite (m)	meteoritt (m)	[metəʉ'rit]
valanga (f)	lavine (m)	[la'vinə]
slavina (f)	snøskred, snøras (n)	['snø‚skred], ['snøras]
tempesta (f) di neve	snøstorm (m)	['snø‚stɔrm]
bufera (f) di neve	snøstorm (m)	['snø‚stɔrm]

Fauna

135. Mammiferi. Predatori

predatore (m)	rovdyr (n)	['rɔv‚dyr]
tigre (f)	tiger (m)	['tigər]
leone (m)	løve (m/f)	['løve]
lupo (m)	ulv (m)	['ʉlv]
volpe (m)	rev (m)	['rev]
giaguaro (m)	jaguar (m)	[jagʉ'ɑr]
leopardo (m)	leopard (m)	[leʉ'pɑrd]
ghepardo (m)	gepard (m)	[ge'pɑrd]
pantera (f)	panter (m)	['pantər]
puma (f)	puma (m)	['pʉma]
leopardo (m) delle nevi	snøleopard (m)	['snø leʉ'pɑrd]
lince (f)	gaupe (m/f)	['gaʉpə]
coyote (m)	coyote, prærieulv (m)	[kɔ'jotə], ['præri‚ʉlv]
sciacallo (m)	sjakal (m)	[ʂa'kɑl]
iena (f)	hyene (m)	[hy'enə]

136. Animali selvatici

animale (m)	dyr (n)	['dyr]
bestia (f)	best, udyr (n)	['bɛst], ['ʉ‚dyr]
scoiattolo (m)	ekorn (n)	['ɛkʉːɳ]
riccio (m)	pinnsvin (n)	['pin‚svin]
lepre (f)	hare (m)	['hɑrə]
coniglio (m)	kanin (m)	[kɑ'nin]
tasso (m)	grevling (m)	['grɛvliŋ]
procione (f)	vaskebjørn (m)	['vaskə‚bjœːɳ]
criceto (m)	hamster (m)	['hamstər]
marmotta (f)	murmeldyr (n)	['mʉrməl‚dyr]
talpa (f)	muldvarp (m)	['mʉl‚varp]
topo (m)	mus (m/f)	['mʉs]
ratto (m)	rotte (m/f)	['rɔtə]
pipistrello (m)	flaggermus (m/f)	['flagər‚mʉs]
ermellino (m)	røyskatt (m)	['røjskat]
zibellino (m)	sobel (m)	['sʊbəl]
martora (f)	mår (m)	['mɔr]
donnola (f)	snømus (m/f)	['snø‚mʉs]
visone (m)	mink (m)	['mink]

castoro (m)	bever (m)	['bevər]
lontra (f)	oter (m)	['ʊtər]

cavallo (m)	hest (m)	['hɛst]
alce (m)	elg (m)	['ɛlg]
cervo (m)	hjort (m)	['jɔːt]
cammello (m)	kamel (m)	[kɑ'mel]

bisonte (m) americano	bison (m)	['bisɔn]
bisonte (m) europeo	urokse (m)	['ʉrˌʊksə]
bufalo (m)	bøffel (m)	['bøfəl]

zebra (f)	sebra (m)	['sebrɑ]
antilope (f)	antilope (m)	[ɑnti'lʊpə]
capriolo (m)	rådyr (n)	['rɔˌdyr]
daino (m)	dåhjort, dådyr (n)	['dɔˌjɔːt], ['dɔˌdyr]
camoscio (m)	gemse (m)	['gɛmsə]
cinghiale (m)	villsvin (n)	['vilˌsvin]

balena (f)	hval (m)	['vɑl]
foca (f)	sel (m)	['sel]
tricheco (m)	hvalross (m)	['vɑlˌrɔs]
otaria (f)	pelssel (m)	['pɛlsˌsel]
delfino (m)	delfin (m)	[dɛl'fin]

orso (m)	bjørn (m)	['bjœːŋ]
orso (m) bianco	isbjørn (m)	['isˌbjœːŋ]
panda (m)	panda (m)	['pɑndɑ]

scimmia (f)	ape (m/f)	['ɑpe]
scimpanzè (m)	sjimpanse (m)	[ʂim'pɑnsə]
orango (m)	orangutang (m)	[ʊ'rɑŋgʉˌtɑŋ]
gorilla (m)	gorilla (m)	[gɔ'rilɑ]
macaco (m)	makak (m)	[mɑ'kɑk]
gibbone (m)	gibbon (m)	['gibʊn]

elefante (m)	elefant (m)	[ɛle'fɑnt]
rinoceronte (m)	neshorn (n)	['nesˌhuːŋ]
giraffa (f)	sjiraff (m)	[ʂi'rɑf]
ippopotamo (m)	flodhest (m)	['flʊdˌhɛst]

canguro (m)	kenguru (m)	['kɛŋgʉrʉ]
koala (m)	koala (m)	[kʊ'ɑlɑ]

mangusta (f)	mangust, mungo (m)	[mɑŋ'gʉst], ['mʉŋgu]
cincillà (f)	chinchilla (m)	[ʂin'ʂilɑ]
moffetta (f)	skunk (m)	['skunk]
istrice (m)	hulepinnsvin (n)	['hʉləˌpinsvin]

137. Animali domestici

gatta (f)	katt (m)	['kɑt]
gatto (m)	hannkatt (m)	['hɑnˌkɑt]
cane (m)	hund (m)	['hʉŋ]

cavallo (m)	hest (m)	['hɛst]
stallone (m)	hingst (m)	['hiŋst]
giumenta (f)	hoppe, merr (m/f)	['hɔpə], ['mɛr]
mucca (f)	ku (f)	['kʉ]
toro (m)	tyr (m)	['tyr]
bue (m)	okse (m)	['ɔksə]
pecora (f)	sau (m)	['saʊ]
montone (m)	vær, saubukk (m)	['vær], ['saʊˌbʉk]
capra (f)	geit (m/f)	['jæjt]
caprone (m)	geitebukk (m)	['jæjtəˌbʉk]
asino (m)	esel (n)	['ɛsəl]
mulo (m)	muldyr (n)	['mʉlˌdyr]
porco (m)	svin (n)	['svin]
porcellino (m)	gris (m)	['gris]
coniglio (m)	kanin (m)	[kɑ'nin]
gallina (f)	høne (m/f)	['hønə]
gallo (m)	hane (m)	['hɑnə]
anatra (f)	and (m/f)	['ɑn]
maschio (m) dell'anatra	andrik (m)	['ɑndrik]
oca (f)	gås (m/f)	['gɔs]
tacchino (m)	kalkunhane (m)	[kɑl'kʉnˌhɑnə]
tacchina (f)	kalkunhøne (m/f)	[kɑl'kʉnˌhønə]
animali (m pl) domestici	husdyr (n pl)	['hʉsˌdyr]
addomesticato (agg)	tam	['tɑm]
addomesticare (vt)	å temme	[ɔ 'tɛmə]
allevare (vt)	å avle, å oppdrette	[ɔ 'ɑvlə], [ɔ 'ɔpˌdrɛtə]
fattoria (f)	farm, gård (m)	['fɑrm], ['gɔːr]
pollame (m)	fjærfe (n)	['fjærˌfɛ]
bestiame (m)	kveg (n)	['kvɛg]
branco (m), mandria (f)	flokk, bøling (m)	['flɔk], ['bøliŋ]
scuderia (f)	stall (m)	['stɑl]
porcile (m)	grisehus (n)	['grisəˌhʉs]
stalla (f)	kufjøs (m/n)	['kuˌfjøs]
conigliera (f)	kaninbur (n)	[kɑ'ninˌbʉr]
pollaio (m)	hønsehus (n)	['hønsəˌhʉs]

138. Uccelli

uccello (m)	fugl (m)	['fʉl]
colombo (m), piccione (m)	due (m/f)	['dʉə]
passero (m)	spurv (m)	['spʉrv]
cincia (f)	kjøttmeis (m/f)	['çœtˌmæjs]
gazza (f)	skjære (m/f)	['ʂærə]
corvo (m)	ravn (m)	['rɑvn]

cornacchia (f)	kråke (m)	['kroːkə]
taccola (f)	kaie (m/f)	['kajə]
corvo (m) nero	kornkråke (m/f)	['kʊˌkroːkə]

anatra (f)	and (m/f)	['an]
oca (f)	gås (m/f)	['gɔs]
fagiano (m)	fasan (m)	[fa'san]

aquila (f)	ørn (m/f)	['œːɳ]
astore (m)	hauk (m)	['haʊk]
falco (m)	falk (m)	['falk]
grifone (m)	gribb (m)	['grib]
condor (m)	kondor (m)	[kʊn'dʊr]

cigno (m)	svane (m/f)	['svanə]
gru (f)	trane (m/f)	['tranə]
cicogna (f)	stork (m)	['stɔrk]

pappagallo (m)	papegøye (m)	[pape'gøjə]
colibrì (m)	kolibri (m)	[kʊ'libri]
pavone (m)	påfugl (m)	['pɔˌfʉl]

struzzo (m)	struts (m)	['strʉts]
airone (m)	hegre (m)	['hæjrə]
fenicottero (m)	flamingo (m)	[fla'mingʊ]
pellicano (m)	pelikan (m)	[peli'kan]

| usignolo (m) | nattergal (m) | ['natərˌgal] |
| rondine (f) | svale (m/f) | ['svalə] |

tordo (m)	trost (m)	['trʊst]
tordo (m) sasello	måltrost (m)	['moːlˌtrʊst]
merlo (m)	svarttrost (m)	['svaːˌtrʊst]

rondone (m)	tårnseiler (m), tårnsvale (m/f)	['tɔːɳsæjlə], ['tɔːɳsvalə]
allodola (f)	lerke (m/f)	['lærkə]
quaglia (f)	vaktel (m)	['vaktəl]

picchio (m)	hakkespett (m)	['hakəˌspɛt]
cuculo (m)	gjøk, gauk (m)	['jøk], ['gaʊk]
civetta (f)	ugle (m/f)	['ʉglə]
gufo (m) reale	hubro (m)	['hʉbrʊ]
urogallo (m)	storfugl (m)	['stʊrˌfʉl]
fagiano (m) di monte	orrfugl (m)	['ɔrˌfʉl]
pernice (f)	rapphøne (m/f)	['rapˌhønə]

storno (m)	stær (m)	['stær]
canarino (m)	kanarifugl (m)	[ka'nariˌfʉl]
francolino (m) di monte	jerpe (m/f)	['jærpə]

| fringuello (m) | bokfink (m) | ['bʊkˌfink] |
| ciuffolotto (m) | dompap (m) | ['dʊmpap] |

gabbiano (m)	måke (m/f)	['moːkə]
albatro (m)	albatross (m)	['albaˌtrɔs]
pinguino (m)	pingvin (m)	[piŋ'vin]

139. Pesci. Animali marini

abramide (f)	brasme (m/f)	['brɑsmə]
carpa (f)	karpe (m)	['kɑrpə]
perca (f)	åbor (m)	['ɔbɔr]
pesce (m) gatto	malle (m)	['mɑlə]
luccio (m)	gjedde (m/f)	['jɛdə]
salmone (m)	laks (m)	['lɑks]
storione (m)	stør (m)	['stør]
aringa (f)	sild (m/f)	['sil]
salmone (m)	atlanterhavslaks (m)	[ɑt'lɑntərhɑfs‚lɑks]
scombro (m)	makrell (m)	[mɑ'krɛl]
sogliola (f)	rødspette (m/f)	['rø‚spɛtə]
lucioperca (f)	gjørs (m)	['jøːʂ]
merluzzo (m)	torsk (m)	['tɔʂk]
tonno (m)	tunfisk (m)	['tʉn‚fisk]
trota (f)	ørret (m)	['øret]
anguilla (f)	ål (m)	['ɔl]
torpedine (f)	elektrisk rokke (m/f)	[ɛ'lektrisk ‚rɔkə]
murena (f)	murene (m)	[mʉ'rɛnə]
piranha (f)	piraja (m)	[pi'rɑjɑ]
squalo (m)	hai (m)	['hɑj]
delfino (m)	delfin (m)	[dɛl'fin]
balena (f)	hval (m)	['vɑl]
granchio (m)	krabbe (m)	['krɑbə]
medusa (f)	manet (m/f), meduse (m)	['mɑnet], [me'dʉsə]
polpo (m)	blekksprut (m)	['blek‚sprʉt]
stella (f) marina	sjøstjerne (m/f)	['ʂø‚stjæːnə]
riccio (m) di mare	sjøpinnsvin (n)	['ʂøː'pin‚svin]
cavalluccio (m) marino	sjøhest (m)	['ʂø‚hɛst]
ostrica (f)	østers (m)	['østəʂ]
gamberetto (m)	reke (m/f)	['rekə]
astice (m)	hummer (m)	['hʉmər]
aragosta (f)	langust (m)	[lɑŋ'gʉst]

140. Anfibi. Rettili

serpente (m)	slange (m)	['ʂlɑŋə]
velenoso (agg)	giftig	['jifti]
vipera (f)	hoggorm, huggorm (m)	['hʉg‚ɔrm], ['hʉg‚ɔrm]
cobra (m)	kobra (m)	['kʊbrɑ]
pitone (m)	pyton (m)	['pytɔn]
boa (m)	boaslange (m)	['bɔɑ‚ʂlɑŋə]
biscia (f)	snok (m)	['snʊk]

serpente (m) a sonagli	klapperslange (m)	['klapə_slaŋə]
anaconda (f)	anakonda (m)	[ana'kɔnda]
lucertola (f)	øgle (m/f)	['øglə]
iguana (f)	iguan (m)	[igʉ'an]
varano (m)	varan (n)	[va'ran]
salamandra (f)	salamander (m)	[sala'mandər]
camaleonte (m)	kameleon (m)	[kamələ'ʉn]
scorpione (m)	skorpion (m)	[skɔrpi'ʉn]
tartaruga (f)	skilpadde (m/f)	['ʂil_padə]
rana (f)	frosk (m)	['frɔsk]
rospo (m)	padde (m/f)	['padə]
coccodrillo (m)	krokodille (m)	[krʉkə'dilə]

141. Insetti

insetto (m)	insekt (n)	['insɛkt]
farfalla (f)	sommerfugl (m)	['sɔmər_fʉl]
formica (f)	maur (m)	['maʉr]
mosca (f)	flue (m/f)	['flʉə]
zanzara (f)	mygg (m)	['mʏg]
scarabeo (m)	bille (m)	['bilə]
vespa (f)	veps (m)	['vɛps]
ape (f)	bie (m/f)	['biə]
bombo (m)	humle (m/f)	['hʉmlə]
tafano (m)	brems (m)	['brɛms]
ragno (m)	edderkopp (m)	['ɛdər_kɔp]
ragnatela (f)	edderkoppnett (n)	['ɛdərkɔp_nɛt]
libellula (f)	øyenstikker (m)	['øjən_stikər]
cavalletta (f)	gresshoppe (m/f)	['grɛs_hɔpə]
farfalla (f) notturna	nattsvermer (m)	['nat_sværmər]
scarafaggio (m)	kakerlakk (m)	[kakə'lak]
zecca (f)	flått, midd (m)	['flɔt], ['mid]
pulce (f)	loppe (f)	['lɔpə]
moscerino (m)	knott (m)	['knɔt]
locusta (f)	vandgresshoppe (m/f)	['van 'grɛs_hɔpə]
lumaca (f)	snegl (m)	['snæjl]
grillo (m)	siriss (m)	['si_ris]
lucciola (f)	ildflue (m/f), lysbille (m)	['il_flʉə], ['lys_bilə]
coccinella (f)	marihøne (m/f)	['mari_hønə]
maggiolino (m)	oldenborre (f)	['ɔldən_bɔrə]
sanguisuga (f)	igle (m/f)	['iglə]
bruco (m)	sommerfugllarve (m/f)	['sɔmərfʉl_larvə]
verme (m)	meitemark (m)	['mæjtə_mark]
larva (f)	larve (m/f)	['larvə]

Flora

142. Alberi

albero (m)	tre (n)	['trɛ]
deciduo (agg)	løv-	['løv-]
conifero (agg)	bar-	['bɑr-]
sempreverde (agg)	eviggrønt	['ɛvi͵grœnt]
melo (m)	epletre (n)	['ɛplə͵trɛ]
pero (m)	pæretre (n)	['pærə͵trɛ]
ciliegio (m)	morelltre (n)	[mʉ'rɛl͵trɛ]
amareno (m)	kirsebærtre (n)	['çisəbær͵trɛ]
prugno (m)	plommetre (n)	['plʉmə͵trɛ]
betulla (f)	bjørk (f)	['bjœrk]
quercia (f)	eik (f)	['æjk]
tiglio (m)	lind (m/f)	['lin]
pioppo (m) tremolo	osp (m/f)	['ɔsp]
acero (m)	lønn (m/f)	['lœn]
abete (m)	gran (m/f)	['grɑn]
pino (m)	furu (m/f)	['fʉrʉ]
larice (m)	lerk (m)	['lærk]
abete (m) bianco	edelgran (m/f)	['ɛdəl͵grɑn]
cedro (m)	seder (m)	['sedər]
pioppo (m)	poppel (m)	['pɔpəl]
sorbo (m)	rogn (m/f)	['rɔŋn]
salice (m)	pil (m/f)	['pil]
alno (m)	or, older (m/f)	['ʉr], ['ɔldər]
faggio (m)	bøk (m)	['bøk]
olmo (m)	alm (m)	['ɑlm]
frassino (m)	ask (m/f)	['ɑsk]
castagno (m)	kastanjetre (n)	[kɑ'stɑnjə͵trɛ]
magnolia (f)	magnolia (m)	[mɑŋ'nʉliɑ]
palma (f)	palme (m)	['pɑlmə]
cipresso (m)	sypress (m)	[sʏ'prɛs]
mangrovia (f)	mangrove (m)	[mɑŋ'grʉvə]
baobab (m)	apebrødtre (n)	['ɑpebrø͵trɛ]
eucalipto (m)	eukalyptus (m)	[ɛvkɑ'lyptʉs]
sequoia (f)	sequoia (m)	['sek͵vɔjɑ]

143. Arbusti

cespuglio (m)	busk (m)	['bʉsk]
arbusto (m)	busk (m)	['bʉsk]

vite (f)	vinranke (m)	['vin̩ranke]
vigneto (m)	vinmark (m/f)	['vin̩mark]
lampone (m)	bringebærbusk (m)	['briŋə͵bær bʉsk]
ribes (m) nero	solbærbusk (m)	['sʉlbær͵bʉsk]
ribes (m) rosso	ripsbusk (m)	['rips͵bʉsk]
uva (f) spina	stikkelsbærbusk (m)	['stikəlsbær͵bʉsk]
acacia (f)	akasie (m)	[a'kasiə]
crespino (m)	berberis (m)	['bærberis]
gelsomino (m)	sjasmin (m)	[ṣas'min]
ginepro (m)	einer (m)	['æjnər]
roseto (m)	rosenbusk (m)	['rʉsən͵bʉsk]
rosa (f) canina	steinnype (m/f)	['stæjn͵nypə]

144. Frutti. Bacche

frutto (m)	frukt (m/f)	['frʉkt]
frutti (m pl)	frukter (m/f pl)	['frʉktər]
mela (f)	eple (n)	['ɛplə]
pera (f)	pære (m/f)	['pærə]
prugna (f)	plomme (m/f)	['plʉmə]
fragola (f)	jordbær (n)	['juːr͵bær]
amarena (f)	kirsebær (n)	['çiṣə͵bær]
ciliegia (f)	morell (m)	[mʉ'rɛl]
uva (f)	drue (m)	['drʉə]
lampone (m)	bringebær (n)	['briŋə͵bær]
ribes (m) nero	solbær (n)	['sʉl͵bær]
ribes (m) rosso	rips (m)	['rips]
uva (f) spina	stikkelsbær (n)	['stikəls͵bær]
mirtillo (m) di palude	tranebær (n)	['tranə͵bær]
arancia (f)	appelsin (m)	[apel'sin]
mandarino (m)	mandarin (m)	[manda'rin]
ananas (m)	ananas (m)	['ananas]
banana (f)	banan (m)	[ba'nan]
dattero (m)	daddel (m)	['dadəl]
limone (m)	sitron (m)	[si'trʉn]
albicocca (f)	aprikos (m)	[apri'kʉs]
pesca (f)	fersken (m)	['fæṣkən]
kiwi (m)	kiwi (m)	['kivi]
pompelmo (m)	grapefrukt (m/f)	['grɛjp͵frʉkt]
bacca (f)	bær (n)	['bær]
bacche (f pl)	bær (n pl)	['bær]
mirtillo (m) rosso	tyttebær (n)	['tʏtə͵bær]
fragola (f) di bosco	markjordbær (n)	['mark juːr͵bær]
mirtillo (m)	blåbær (n)	['blɔ͵bær]

145. Fiori. Piante

fiore (m)	blomst (m)	['blɔmst]
mazzo (m) di fiori	bukett (m)	[bʉ'kɛt]
rosa (f)	rose (m/f)	['rʊsə]
tulipano (m)	tulipan (m)	[tʉli'pan]
garofano (m)	nellik (m)	['nɛlik]
gladiolo (m)	gladiolus (m)	[gladi'ɔlʉs]
fiordaliso (m)	kornblomst (m)	['kuːn̩ˌblɔmst]
campanella (f)	blåklokke (m/f)	['blɔˌklɔkə]
soffione (m)	løvetann (m/f)	['løvəˌtan]
camomilla (f)	kamille (m)	[ka'milə]
aloe (m)	aloe (m)	['alʊe]
cactus (m)	kaktus (m)	['kaktʉs]
ficus (m)	gummiplante (m/f)	['gʉmiˌplantə]
giglio (m)	lilje (m)	['liljə]
geranio (m)	geranium (m)	[ge'ranium]
giacinto (m)	hyasint (m)	[hia'sint]
mimosa (f)	mimose (m/f)	[mi'mɔsə]
narciso (m)	narsiss (m)	[na'ʂis]
nasturzio (m)	blomkarse (m)	['blɔmˌkaʂə]
orchidea (f)	orkidé (m)	[ɔrki'de]
peonia (f)	peon, pion (m)	[pe'ʊn], [pi'ʊn]
viola (f)	fiol (m)	[fi'ʊl]
viola (f) del pensiero	stemorsblomst (m)	['stemʊʂˌblɔmst]
nontiscordardimé (m)	forglemmegei (m)	[fɔr'gleməˌjæj]
margherita (f)	tusenfryd (m)	['tʉsənˌfryd]
papavero (m)	valmue (m)	['valmʉe]
canapa (f)	hamp (m)	['hamp]
menta (f)	mynte (m/f)	['myntə]
mughetto (m)	liljekonvall (m)	['liljə kɔn'val]
bucaneve (m)	snøklokke (m/f)	['snøˌklɔkə]
ortica (f)	nesle (m/f)	['nɛslə]
acetosa (f)	syre (m/f)	['syrə]
ninfea (f)	nøkkerose (m/f)	['nøkəˌrʊse]
felce (f)	bregne (m/f)	['brɛjnə]
lichene (m)	lav (m/n)	['lav]
serra (f)	drivhus (n)	['drivˌhʉs]
prato (m) erboso	gressplen (m)	['grɛsˌplen]
aiuola (f)	blomsterbed (n)	['blɔmstərˌbed]
pianta (f)	plante (m/f), vekst (m)	['plantə], ['vɛkst]
erba (f)	gras (n)	['gras]
filo (m) d'erba	grasstrå (n)	['grasˌstrɔ]

foglia (f)	blad (n)	['blɑ]
petalo (m)	kronblad (n)	['krɔnˌblɑ]
stelo (m)	stilk (m)	['stilk]
tubero (m)	rotknoll (m)	['rʊtˌknɔl]
germoglio (m)	spire (m/f)	['spirə]
spina (f)	torn (m)	['tʊːɳ]
fiorire (vi)	å blomstre	[ɔ 'blɔmstrə]
appassire (vi)	å visne	[ɔ 'visnə]
odore (m), profumo (m)	lukt (m/f)	['lʉkt]
tagliare (~ i fiori)	å skjære av	[ɔ 'ʂæːrə ɑː]
cogliere (vt)	å plukke	[ɔ 'plʉkə]

146. Cereali, granaglie

grano (m)	korn (n)	['kuːɳ]
cereali (m pl)	cerealer (n pl)	[sere'ɑlər]
spiga (f)	aks (n)	['ɑks]
frumento (m)	hvete (m)	['vetə]
segale (f)	rug (m)	['rʉg]
avena (f)	havre (m)	['hɑvrə]
miglio (m)	hirse (m)	['hiʂə]
orzo (m)	bygg (m/n)	['bʏg]
mais (m)	mais (m)	['mɑis]
riso (m)	ris (m)	['ris]
grano (m) saraceno	bokhvete (m)	['bʊkˌvetə]
pisello (m)	ert (m/f)	['æːt]
fagiolo (m)	bønne (m/f)	['bœnə]
soia (f)	soya (f)	['sɔja]
lenticchie (f pl)	linse (m/f)	['linsə]
fave (f pl)	bønner (m/f pl)	['bœnər]

PAESI. NAZIONALITÀ

147. Europa occidentale

Europa (f)	Europa	[ɛʉ'rʊpɑ]
Unione (f) Europea	Den Europeiske Union	[den ɛʉrʊ'pɛiskə ʉni'ɔn]
Austria (f)	Østerrike	['østə‚rikə]
Gran Bretagna (f)	Storbritannia	['stʊr bri‚tɑniɑ]
Inghilterra (f)	England	['ɛŋlɑn]
Belgio (m)	Belgia	['bɛlgiɑ]
Germania (f)	Tyskland	['tʏsklɑn]
Paesi Bassi (m pl)	Nederland	['nedə‚lɑn]
Olanda (f)	Holland	['hɔlɑn]
Grecia (f)	Hellas	['hɛlɑs]
Danimarca (f)	Danmark	['dɑnmɑrk]
Irlanda (f)	Irland	['irlɑn]
Islanda (f)	Island	['islɑn]
Spagna (f)	Spania	['spɑniɑ]
Italia (f)	Italia	[i'tɑliɑ]
Cipro (m)	Kypros	['kʏprʊs]
Malta (f)	Malta	['mɑltɑ]
Norvegia (f)	Norge	['nɔrgə]
Portogallo (f)	Portugal	[pɔ:tʉ'gɑl]
Finlandia (f)	Finland	['finlɑn]
Francia (f)	Frankrike	['frɑnkrikə]
Svezia (f)	Sverige	['sværiə]
Svizzera (f)	Sveits	['svæjts]
Scozia (f)	Skottland	['skɔtlɑn]
Vaticano (m)	Vatikanet	['vɑti‚kɑne]
Liechtenstein (m)	Liechtenstein	['lihtɛnʂtæjn]
Lussemburgo (m)	Luxembourg	['lʉksɛm‚bʉrg]
Monaco (m)	Monaco	[mʊ'nɑkʊ]

148. Europa centrale e orientale

Albania (f)	Albania	[al'bɑniɑ]
Bulgaria (f)	Bulgaria	[bʉl'gɑriɑ]
Ungheria (f)	Ungarn	['ʉŋɑ:rŋ]
Lettonia (f)	Latvia	['lɑtviɑ]
Lituania (f)	Litauen	['li‚tɑʉen]
Polonia (f)	Polen	['pʊlen]

Romania (f)	Romania	[rʊˈmɑniɑ]
Serbia (f)	Serbia	[ˈsærbiɑ]
Slovacchia (f)	Slovakia	[ṣlʊˈvɑkiɑ]

Croazia (f)	Kroatia	[krʊˈɑtiɑ]
Repubblica (f) Ceca	Tsjekkia	[ˈtṣɛkijɑ]
Estonia (f)	Estland	[ˈɛstlɑn]

Bosnia-Erzegovina (f)	Bosnia-Hercegovina	[ˈbɔsniɑ hersegɔˌvinɑ]
Macedonia (f)	Makedonia	[mɑkeˈdɔniɑ]
Slovenia (f)	Slovenia	[ṣlʊˈveniɑ]
Montenegro (m)	Montenegro	[ˈmɔntəˌnɛgrʊ]

149. Paesi dell'ex Unione Sovietica

| Azerbaigian (m) | Aserbajdsjan | [ɑserbɑjdˈṣɑn] |
| Armenia (f) | Armenia | [ɑrˈmeniɑ] |

Bielorussia (f)	Hviterussland	[ˈvitəˌrʉslɑn]
Georgia (f)	Georgia	[geˈɔrgiɑ]
Kazakistan (m)	Kasakhstan	[kɑˈsɑkˌstɑn]
Kirghizistan (m)	Kirgisistan	[kirˈgisiˌstɑn]
Moldavia (f)	Moldova	[mɔlˈdɔvɑ]

| Russia (f) | Russland | [ˈrʉslɑn] |
| Ucraina (f) | Ukraina | [ʉkrɑˈinɑ] |

Tagikistan (m)	Tadsjikistan	[tɑˈdṣikiˌstɑn]
Turkmenistan (m)	Turkmenistan	[tʉrkˈmeniˌstɑn]
Uzbekistan (m)	Usbekistan	[ʉsˈbekiˌstɑn]

150. Asia

Asia (f)	Asia	[ˈɑsiɑ]
Vietnam (m)	Vietnam	[ˈvjɛtnɑm]
India (f)	India	[ˈindiɑ]
Israele (m)	Israel	[ˈisrɑəl]

Cina (f)	Kina	[ˈçinɑ]
Libano (m)	Libanon	[ˈlibɑnɔn]
Mongolia (f)	Mongolia	[mʊŋˈguliɑ]

| Malesia (f) | Malaysia | [mɑˈlɑjsiɑ] |
| Pakistan (m) | Pakistan | [ˈpɑkiˌstɑn] |

Arabia Saudita (f)	Saudi-Arabia	[ˈsaʊdi ɑˈrɑbiɑ]
Tailandia (f)	Thailand	[ˈtɑjlɑn]
Taiwan (m)	Taiwan	[ˈtɑjˌvɑn]
Turchia (f)	Tyrkia	[tyrkiɑ]
Giappone (m)	Japan	[ˈjɑpɑn]
Afghanistan (m)	Afghanistan	[ɑfˈgɑniˌstɑn]
Bangladesh (m)	Bangladesh	[bɑnglɑˈdɛṣ]

| Indonesia (f) | Indonesia | [indu'nesia] |
| Giordania (f) | Jordan | ['jɔrdɑn] |

| Iraq (m) | Irak | ['irɑk] |
| Iran (m) | Iran | ['irɑn] |

| Cambogia (f) | Kambodsja | [kɑm'bɔdşɑ] |
| Kuwait (m) | Kuwait | ['kɵvɑjt] |

Laos (m)	Laos	['lɑɔs]
Birmania (f)	Myanmar	['mjænmɑ]
Nepal (m)	Nepal	['nepɑl]
Emirati (m pl) Arabi	Forente Arabiske Emiratene	[fɔ'rentə ɑ'rɑbiskə ɛmi'rɑtenə]

| Siria (f) | Syria | ['syriɑ] |
| Palestina (f) | Palestina | [pɑle'stinɑ] |

| Corea (f) del Sud | Sør-Korea | ['sør kʊˌreɑ] |
| Corea (f) del Nord | Nord-Korea | ['nuːr kʊ'rɛɑ] |

151. America del Nord

Stati (m pl) Uniti d'America	Amerikas Forente Stater	[ɑ'merikɑs fɔ'rɛntə 'stɑtər]
Canada (m)	Canada	['kɑnɑdɑ]
Messico (m)	Mexico	['mɛksikʊ]

152. America centrale e America del Sud

Argentina (f)	Argentina	[ɑrgɛn'tinɑ]
Brasile (m)	Brasilia	[brɑ'siliɑ]
Colombia (f)	Colombia	[kɔ'lʊmbiɑ]

| Cuba (f) | Cuba | ['kɵbɑ] |
| Cile (m) | Chile | ['tşilə] |

| Bolivia (f) | Bolivia | [bɔ'liviɑ] |
| Venezuela (f) | Venezuela | [venesɵ'ɛlɑ] |

| Paraguay (m) | Paraguay | [pɑrɑg'wɑj] |
| Perù (m) | Peru | [pe'ruː] |

Suriname (m)	Surinam	['sɵriˌnɑm]
Uruguay (m)	Uruguay	[ɵrygʊ'ɑj]
Ecuador (m)	Ecuador	[ɛkʊɑ'dɔr]

| Le Bahamas | Bahamas | [bɑ'hɑmɑs] |
| Haiti (m) | Haiti | [hɑ'iti] |

Repubblica (f) Dominicana	Dominikanske Republikken	[dʊmini'kɑnskə repɵ'blikən]
Panama (m)	Panama	['pɑnɑmɑ]
Giamaica (f)	Jamaica	[şɑ'mɑjkɑ]

153. Africa

Egitto (m)	Egypt	[ɛ'gypt]
Marocco (m)	Marokko	[ma'rɔkʉ]
Tunisia (f)	Tunisia	['tʉ'nisia]

Ghana (m)	Ghana	['gana]
Zanzibar	Zanzibar	['sansibar]
Kenya (m)	Kenya	['kenya]
Libia (f)	Libya	['libia]
Madagascar (m)	Madagaskar	[mada'gaskar]

Namibia (f)	Namibia	[na'mibia]
Senegal (m)	Senegal	[sene'gal]
Tanzania (f)	Tanzania	['tansa,nia]
Repubblica (f) Sudafricana	Republikken Sør-Afrika	[repʉ'bliken 'sør,afrika]

154. Australia. Oceania

| Australia (f) | Australia | [au'stralia] |
| Nuova Zelanda (f) | New Zealand | [njʉ'selan] |

| Tasmania (f) | Tasmania | [tas'mania] |
| Polinesia (f) Francese | Fransk Polynesia | ['fransk pɔly'nesia] |

155. Città

L'Aia	Haag	['hag]
Amburgo	Hamburg	['hambʉrg]
Amsterdam	Amsterdam	['amstɛr,dam]
Ankara	Ankara	['ankara]
Atene	Athen, Aten	[a'ten]
L'Avana	Havana	[ha'vana]

Baghdad	Bagdad	['bagdad]
Bangkok	Bangkok	['bankɔk]
Barcellona	Barcelona	[barsə'luna]
Beirut	Beirut	['bæj,rʉt]
Berlino	Berlin	[bɛr'lin]

Bombay, Mumbai	Bombay	['bɔmbɛj]
Bonn	Bonn	['bɔn]
Bordeaux	Bordeaux	[bɔr'dɔː]
Bratislava	Bratislava	[brati'slava]
Bruxelles	Brussel	['brʉsɛl]
Bucarest	Bukarest	['bʉka'rɛst]
Budapest	Budapest	['bʉdapɛst]

Il Cairo	Kairo	['kajrʉ]
Calcutta	Calcutta	[kal'kʉta]
Chicago	Chicago	[ʂi'kagʉ]

Città del Messico	Mexico City	['mɛksikʉ 'siti]
Copenaghen	København	['çøbənˌhavn]
Dar es Salaam	Dar-es-Salaam	['daresɑˌlam]
Delhi	Delhi	['dɛli]
Dubai	Dubai	['dʉbɑj]
Dublino	Dublin	['døblin]
Düsseldorf	Düsseldorf	['dʉsəlˌdɔrf]
Firenze	Firenze	[fi'rɛnsə]
Francoforte	Frankfurt	['frɑnkfʉːt]
Gerusalemme	Jerusalem	[je'rʉsɑlem]
Ginevra	Genève	[ṣe'nɛv]
Hanoi	Hanoi	['hanɔj]
Helsinki	Helsinki	['hɛlsinki]
Hiroshima	Hiroshima	[hirʉ'ṣimɑ]
Hong Kong	Hongkong	['hɔnˌkɔŋ]
Istanbul	Istanbul	['istanbʉl]
Kiev	Kiev	['kiːef]
Kuala Lumpur	Kuala Lumpur	[kʉ'ɑlɑ 'lʉmpʉr]
Lione	Lyon	[li'ɔn]
Lisbona	Lisboa	['lisbʊɑ]
Londra	London	['lɔndɔn]
Los Angeles	Los Angeles	[ˌlɔs'ændʒələs]
Madrid	Madrid	[mɑ'drid]
Marsiglia	Marseille	[mɑr'sɛj]
Miami	Miami	[mɑ'jɑmi]
Monaco di Baviera	München	['mʉnhən]
Montreal	Montreal	[mɔntri'ɔl]
Mosca	Moskva	[mɔ'skvɑ]
Nairobi	Nairobi	[nɑj'rʊbi]
Napoli	Napoli	['nɑpʊli]
New York	New York	[njʉ 'jork]
Nizza	Nice	['nis]
Oslo	Oslo	['ɔṣlʉ]
Ottawa	Ottawa	['ɔtɑvɑ]
Parigi	Paris	[pɑ'ris]
Pechino	Peking, Beijing	['pekiŋ], ['bɛjʒin]
Praga	Praha	['prɑhɑ]
Rio de Janeiro	Rio de Janeiro	['riu de ṣɑ'næjrʉ]
Roma	Roma	['rʊmɑ]
San Pietroburgo	Sankt Petersburg	[ˌsɑnkt 'petɛṣˌbʉrg]
Seoul	Seoul	[se'uːl]
Shanghai	Shanghai	['ṣɑŋhɑj]
Sidney	Sydney	['sidni]
Singapore	Singapore	['siŋɑ'pɔr]
Stoccolma	Stockholm	['stɔkhɔlm]
Taipei	Taipei	['tɑjpæj]
Tokio	Tokyo	['tɔkiʉ]

Toronto	**Toronto**	[tɔˈrɔntʊ]
Varsavia	**Warszawa**	[vaˈṣava]
Venezia	**Venezia**	[veˈnetsia]
Vienna	**Wien**	[ˈvin]
Washington	**Washington**	[ˈvɔṣiŋtən]

www.ingramcontent.com/pod-product-compliance
Lightning Source LLC
Chambersburg PA
CBHW070554050426
42450CB00011B/2853